JN021191

音声ダウンロードのしかた

STEP 1 商品ページにアクセス！ 方法は次の3通り！

① QRコードを読み取ってアクセス。

② https://www.jresearch.co.jp/book/b641659.html を入力してアクセス。

③ Ｊリサーチ出版のホームページ（https://www.jresearch.co.jp/）にアクセスして、「キーワード」に書籍名を入れて検索。

STEP 2 ページ内にある「音声ダウンロード」ボタンをクリック！

STEP 3 ユーザー名「1001」、パスワード「26127」を入力！

STEP 4 音声の利用方法は2通り！学習スタイルに合わせた方法でお聴きください！

1 「音声ファイル一括ダウンロード」より、ファイルをダウンロードして聴く。

2 ▶ボタンを押して、その場で再生して聴く。

※ダウンロードした音声ファイルは、パソコン・スマートフォンなどでお聴きいただくことができます。一括ダウンロードの音声ファイルは .zip 形式で圧縮してあります。解凍してご利用ください。ファイルの解凍が上手く出来ない場合は、直接の音声再生も可能です。

音声ダウンロードについてのお問合せ先：
toiawase@jresearch.co.jp（受付時間：平日9時〜18時）

二次試験対策 だれでも一発合格できる

英検® 準1級

新出題形式完全対応

面接大特訓

植田 一三／上田 敏子／Michy里中
Ueda Ichizo　Ueda Toshiko　Michy Satonaka

Jリサーチ出版

はじめての受験で合格するために

皆さん、お元気ですか？ 英語の勉強ははかどっていますか？ 本書は英検準1級の徹底分析に基づいた準1級二次試験突破のための対策本です。短期間で合格できる実力を備えるための**「直前対策トレーニング」**と、どんな質問にも英語でしっかりと答えるための**「真の英語の発信力 UP トレーニング」**という2点の特長を兼ね備えています。

第1章では、面接試験当日のシミュレーションを掲載し、面接の流れはもちろん、注意点や頻出トピック、それから社会問題Q&Aの傾向をひと目で把握できます。

第2章は短文練習です。日常生活のさまざまなシチュエーションに即した短めの例文を言うトレーニングを行い、CDを聞きながら音読したり、瞬時に日本語を英語に転換するトレーニングをしたりすることで、合格に不可欠な**英語描写力**が効率よく身につきます。各例文には表現力アップに欠かせない最重要フレーズが散りばめられています。発話のためのヒントもあるため、丸暗記のストレスがなく、テンポよく重要表現を頭にインプットできます。

第3章は実践編です。過去問題のデータ分析に基づいて厳選した頻出12トピックの模擬問題で、**4コマ漫画ナレーションの必須ポイント**と**社会問題Q&Aの必勝法**を伝授します。各問5点満点、合格ギリギリの3点解答のモデルを示し解説してあります。確実に合格点を獲るための解答方法が理解できると同時に、受験者が犯しやすいミスもしっかりカバーできます。

第4章は長文練習です。過去問題のデータ分析から厳選された社会問題関連の質問内容とモデル解答を分野別に紹介します。質疑応答トレーニングを通して、合格に欠かせない**論理的な解答法**を短時間でマスターできます。社会問題に関連する最重要英語表現が散りばめられていますので、表現の幅をぐんと広げることができます。

本書の活用法として、

❶ 音声で英語の質問を聞く→自分の解答を英語で言う→模範解答の音声を聞く
❷ 質問文の英文を見て解答を頭の中で考える→模範解答を読む
❸ 質問文と模範解答の日本語を見る→英訳する
❹ 音声を聞きながらシャドーイング（最初は音読）

といった４つのアプローチがあります。英語の質問に対してさっと答えられるようになるまで本書をフル活用してください。

最後に、本書の制作にあたり、惜しみない努力をしてくれたアスパイアのスタッフ久保伸枝氏、宮原香織氏、鶴田想人氏、田中秀樹氏と、本書執筆の母体となった参考文献の著者の方々には心から感謝の意を表したいと思います。そして何よりも、われわれの努力の結晶である著書を愛読してくださる読者の皆さんに心からお礼申し上げます。

それでは皆さん、明日に向かって英悟の道を

Let's enjoy the process!（陽は必ず昇る!）

植田一三　上田敏子　Michy 里中

CONTENTS

DAY 1 ~ DAY 12　12日完成を目指す場合のペース配分（目安）です。
取り組むスピードには個人差があります。
一度だけではなく、覚えるまで繰り返し活用してください。

本書の利用法

第2章　短文練習（19～89ページ）

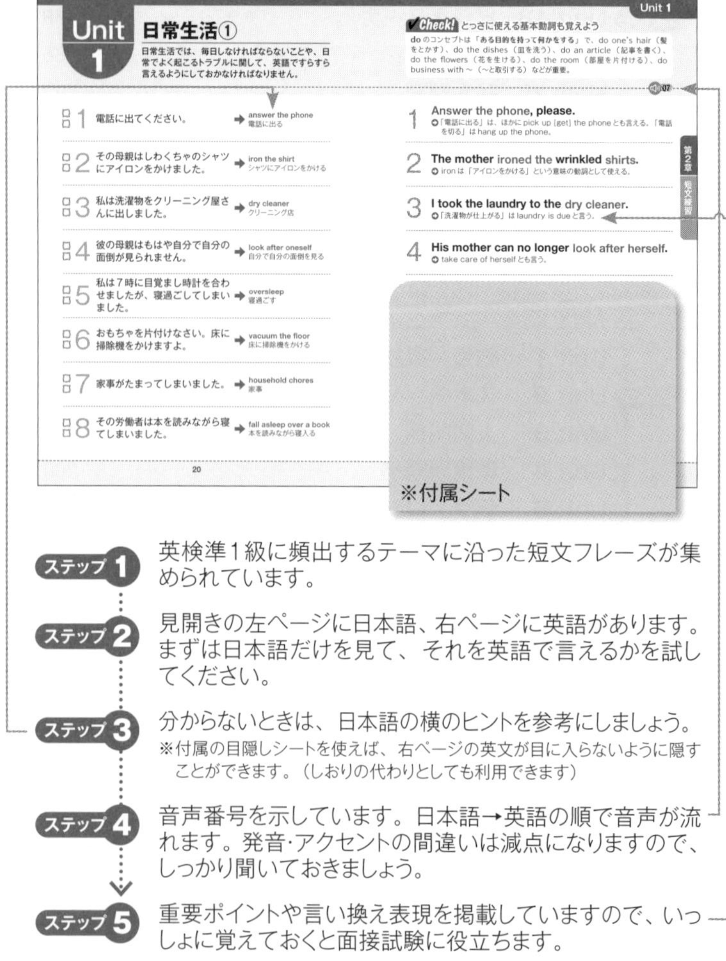

Unit 1

Unit 1　日常生活①

日常生活では、毎日しなければならないことや、日常でよく起こるトラブルに関して、英語ですらすら言えるようにしておかなければなりません。

✔Check! とっさに使える基本動詞も覚えよう

do のコンセプトは「**ある目的を持って何かをする**」で、do one's hair（髪をとかす）、do the dishes（皿を洗う）、do an article（記事を書く）、do the flowers（花を生ける）、do the room（部屋を片付ける）、do business with ～（～と取引する）などが重要。

07

	日本語	ヒント
1	電話に出てください。	answer the phone 電話に出る
2	その母親はしわくちゃのシャツにアイロンをかけました。	iron the shirt シャツにアイロンをかける
3	私は洗濯物をクリーニング屋さんに出しました。	dry cleaner クリーニング店
4	彼の母親はもはや自分で自分の面倒が見られません。	look after oneself 自分で自分の面倒を見る
5	私は7時に目覚まし時計を合わせましたが、寝過ごしてしまいました。	oversleep 寝過ごす
6	おもちゃを片付けなさい。床に掃除機をかけますよ。	vacuum the floor 床に掃除機をかける
7	家事がたまってしまいました。	household chores 家事
8	その労働者は本を読みながら寝てしまいました。	fall asleep over a book 本を読みながら寝入る

1 Answer the phone, **please.**
➲「電話に出る」は、ほかに pick up [get] the phone とも言える。「電話を切る」は hang up the phone。

2 **The mother** ironed the **wrinkled** shirts.
➲ iron は「アイロンをかける」という意味の動詞として使える。

3 **I took the laundry to the** dry cleaner.
➲「洗濯物が仕上がる」は laundry is due と言う。

4 **His mother can no longer** look after herself.
➲ take care of herself とも言う。

第2章 短文練習

20

※付属シート

ステップ1 英検準1級に頻出するテーマに沿った短文フレーズが集められています。

ステップ2 見開きの左ページに日本語、右ページに英語があります。まずは日本語だけを見て、それを英語で言えるかを試してください。

ステップ3 分からないときは、日本語の横のヒントを参考にしましょう。
※付属の目隠しシートを使えば、右ページの英文が目に入らないように隠すことができます。（しおりの代わりとしても利用できます）

ステップ4 音声番号を示しています。日本語→英語の順で音声が流れます。発音･アクセントの間違いは減点になりますので、しっかり聞いておきましょう。

ステップ5 重要ポイントや言い換え表現を掲載していますので、いっしょに覚えておくと面接試験に役立ちます。

本書は英検準1級二次面接試験に特化して発話トレーニングを行うための本です。構成は大きく分けて、第1章「面接の準備」、第2章「短文練習」、第3章「模擬テスト」、第4章「長文練習」となっており、面接試験の内容を理解し、やさしい練習から慣れていき、徐々に高得点を取るための本格的な練習へとステップアップします。

第3章　模擬テスト（91 ~ 187 ページ）12回分収録

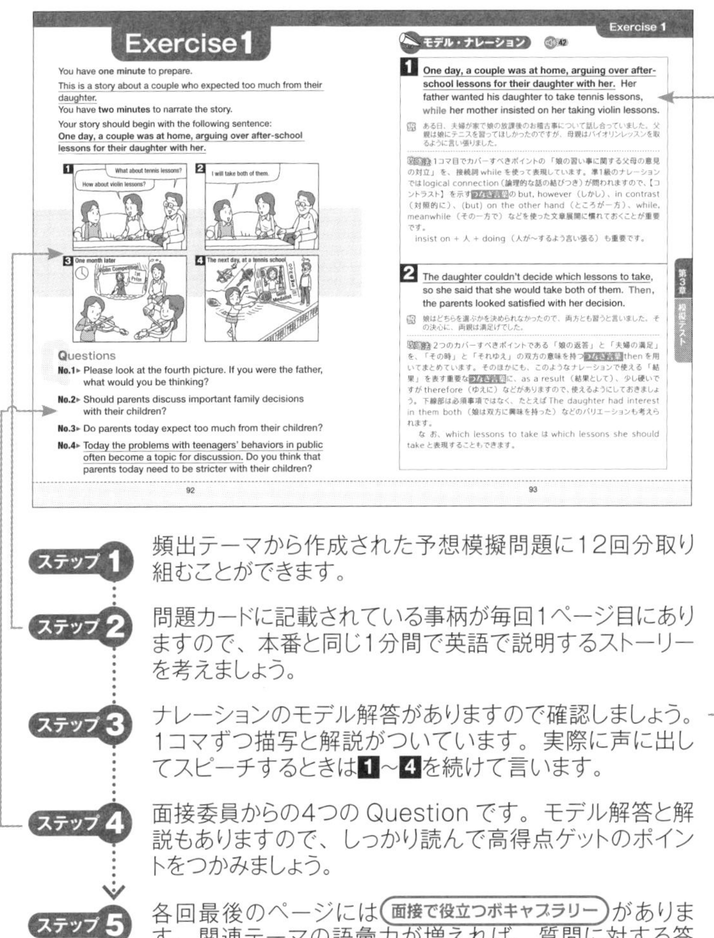

Exercise 1

You have one minute to prepare.

This is a story about a couple who expected too much from their daughter.

You have two minutes to narrate the story.

Your story should begin with the following sentence:

One day, a couple was at home, arguing over after-school lessons for their daughter with her.

Questions

No.1 ▸ Please look at the fourth picture. If you were the father, what would you be thinking?

No.2 ▸ Should parents discuss important family decisions with their children?

No.3 ▸ Do parents today expect too much from their children?

No.4 ▸ Today the problems with teenagers' behaviors in public often become a topic for discussion. Do you think that parents today need to be stricter with their children?

92

Exercise 1

モデル・ナレーション 42

1 One day, a couple was at home, arguing over after-school lessons for their daughter with her. Her father wanted his daughter to take tennis lessons, while her mother insisted on her taking violin lessons.

ある日、夫婦が家で娘の放課後のお稽古事について話し合っていました。父親は娘にテニスを習ってほしかったのですが、母親はバイオリンレッスンを取るように言い張りました。

1コマ目でカバーすべきポイントの「娘の習い事に関する父母の意見の対立」を、接続詞 while を使って表現しています。準1級のナレーションでは logical connection（論理的な話の結びつき）が問われますので、【コントラスト】を示すつなぎ言葉の but, however（しかし）、in contrast（対照的に）、(but) on the other hand（ところが一方）、while, meanwhile（その一方で）などを使った文章展開に慣れておくことが重要です。

insist on + 人 + doing（人が～するよう言い張る）も重要です。

2 The daughter couldn't decide which lessons to take, so she said that she would take both of them. Then, the parents looked satisfied with her decision.

娘はどちらを選ぶかを決められなかったので、両方とも習うと言いました。その決心に、両親は満足げでした。

2つのカバーすべきポイントである「娘の返答」と「夫婦の満足」を、「その時」と「それゆえ」の双方の意味を持つつなぎ言葉 then を用いてまとめています。そのほかにも、このようなナレーションで使える「結果」を表す重要なつなぎ言葉に、as a result（結果として）、少し硬いですが therefore（ゆえに）などがありますので、使えるようにしておきましょう。下線部は必須事項ではなく、たとえば The daughter had interest in them both（娘は双方に興味を持った）などのバリエーションも考えられます。

なお、which lessons to take は which lessons she should take と表現することもできます。

93

ステップ 1　頻出テーマから作成された予想模擬問題に12回分取り組むことができます。

ステップ 2　問題カードに記載されている事柄が毎回1ページ目にありますので、本番と同じ1分間で英語で説明するストーリーを考えましょう。

ステップ 3　ナレーションのモデル解答がありますので確認しましょう。1コマずつ描写と解説がついています。実際に声に出してスピーチするときは**1**～**4**を続けて言います。

ステップ 4　面接委員からの4つの Question です。モデル解答と解説もありますので、しっかり読んで高得点ゲットのポイントをつかみましょう。

ステップ 5　各回最後のページには（面接で役立つボキャブラリー）があります。関連テーマの語彙力が増えれば、質問に対する答え方のバリエーションもぐんと増えます。

第4章　社会問題に関する長文練習（189～253ページ）

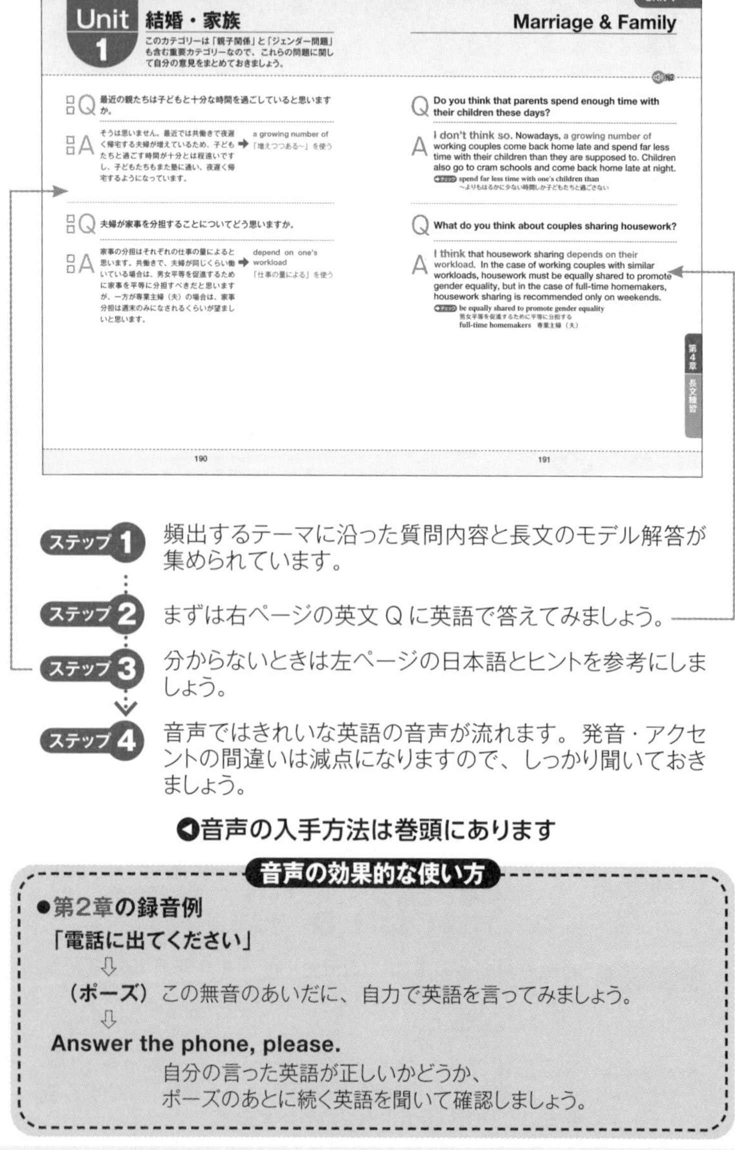

Unit 1

Unit 1　結婚・家族

このカテゴリーは「親子関係」と「ジェンダー問題」も含む重要カテゴリーなので、これらの問題に関して自分の意見をまとめておきましょう。

Marriage & Family

102

Q 最近の親たちは子どもと十分な時間を過ごしていると思いますか。

A そうは思いません。最近では共働きで夜遅く帰宅する夫婦が増えているため、子どもたちと過ごす時間が十分とは程遠いですし、子どもたちもまた塾に通い、夜遅く帰宅するようになっています。

➡ a growing number of 「増えつつある～」を使う

Q Do you think that parents spend enough time with their children these days?

A I don't think so. Nowadays, a growing number of working couples come back home late and spend far less time with their children than they are supposed to. Children also go to cram schools and come back home late at night.

チェック spend far less time with one's children than ～よりもはるかに少ない時間しか子どもたちと過ごさない

Q 夫婦が家事を分担することについてどう思いますか。

A 家事の分担はそれぞれの仕事の量によると思います。共働きで、夫婦が同じくらい働いている場合は、男女平等を促進するために家事を平等に分担すべきだと思いますが、一方が専業主婦（夫）の場合は、家事分担は週末のみになされるくらいが望ましいと思います。

➡ depend on one's workload 「仕事の量による」を使う

Q What do you think about couples sharing housework?

A I think that housework sharing depends on their workload. In the case of working couples with similar workloads, housework must be equally shared to promote gender equality, but in the case of full-time homemakers, housework sharing is recommended only on weekends.

チェック be equally shared to promote gender equality 男女平等を促進するために平等に分担する
full-time homemakers 専業主婦（夫）

第4章 長文練習

190　191

ステップ1 頻出するテーマに沿った質問内容と長文のモデル解答が集められています。

ステップ2 まずは右ページの英文Qに英語で答えてみましょう。

ステップ3 分からないときは左ページの日本語とヒントを参考にしましょう。

ステップ4 音声ではきれいな英語の音声が流れます。発音・アクセントの間違いは減点になりますので、しっかり聞いておきましょう。

◀音声の入手方法は巻頭にあります

音声の効果的な使い方

●**第2章の録音例**

「電話に出てください」

⇩

（ポーズ） この無音のあいだに、自力で英語を言ってみましょう。

⇩

Answer the phone, please.

自分の言った英語が正しいかどうか、
ポーズのあとに続く英語を聞いて確認しましょう。

第1章

面接の準備

02 → 06

「面接の流れ」

面接委員とはすべて英語でコミュニケーションをとります。面接中にメモや写真撮影、録音などをすることはできませんので、ご注意ください。

1 部屋に入る

❶ 控え室で記入した「面接カード」を持ち、係員の指示に従って面接室に入ります。

↓

❷ 面接委員に「面接カード」を渡します。

↓

❸ 面接委員の指示に従い、着席します。

※荷物は席の脇に置くことができます

面接委員 Please come in. Hello.

受験者 Hello.

面接委員 May I have your card, please?

受験者 Here you are.

面接委員 Thank you. Please have a seat.

受験者 Thank you.

2 氏名・級の確認、簡単な質問

❶ あなたの氏名と受験している級を確認します。
↓
❷ 日常会話的な簡単な質問をします。

面接委員 My name is Takako Uemura. May I have your name, please?

受験者 My name is Yukihiko Kanda.

面接委員 All right, Mr. Kanda. This is the Grade Pre-1 test, OK?

受験者 OK.

面接委員 Well, Mr. Kanda, how did you come here today?

受験者 I came here by train.

面接委員 I see. What do you usually do on weekends?

受験者 Well, I usually go to a gym to do some exercise. I need to lose some weight.

面接委員 Does it work?

受験者 Yes, I think so.

面接委員 Great!

3 ナレーション

❶ 面接委員から「問題カード」を受け取ります。
↓
❷ 面接委員の指示に従って、1分間でナレーションを準備します。
↓
❸ ナレーションを始めます。

面接委員 All right. Let's start. Are you ready?

受験者 Yes, I'm ready.

面接委員 Here's your card.

受験者 Thank you.

面接委員 You have one minute to prepare before you begin your narration.

［1分間］面接カードの4コマ漫画を読み、ナレーションを考える。

面接委員 All right. Please begin your narration. You have two minutes.

［2分間］ナレーション
最初の言い出し文が「問題カード」に印刷されています。必ずその文章から始めてください。
※2分をオーバーすると途中でも中止させられます。

4 No.1～No.4のQ&A

❶ ナレーションが終わると、面接委員から質問No.1があります。
※ここでは「問題カード」を見てもOK

↓

❷ 面接委員の指示に従い、「問題カード」を裏返します。

↓

❸ 面接委員から質問No. 2～No. 4があります。

↓

❹「問題カード」を面接委員に返します。

最後まで気を抜かず、面接委員の目を見て、気持ちよくHave a nice day! の挨拶をしてから退出しましょう。最後の挨拶部分までアティチュード（attitude：詳しくは次ページで紹介）にカウントされますので、たとえ面接途中で多少失敗しても、最後に好印象を残すように心がけましょう。

05

面接委員 Now, I'm going to ask you four questions. Are you ready?

受験者 Yes.

［No.1 ～ No.4 の質問］

面接委員 Well, that's all, Ms. Uemura. Could I have the card back, please?

受験者 Here you are.

面接委員 Thank you. You may go now.

受験者 Thank you very much.

5 部屋を出る

終了し、退室したら、すみやかに会場から退場します。控え室に戻る必要はありません。

06

面接委員 Goodbye. Have a nice day.

受験者 Thank you. You, too.

配点と合格点

制限時間 **約8分**

合格点 **22/38点**

入室
↓
あいさつ・確認（1分）
↓

時間		内容	配点	余裕で合格 ⇓	なんとか合格 ⇓
3分	ナレーション	4コマ漫画のストーリーを2分間で言う	15点	12点	10点
4分	No.1	4コマ漫画に関連した質問に答える	5点	4点	3点
	No.2	問題カードのトピックに関連した質問に答える	5点	4点	3点
	No.3	問題カードのトピックに関連した質問に答える	5点	4点	3点
	No.4	社会性のあるトピックについての質問に答える	5点	4点	3点
	アティチュード*		3点	3点	3点
			38点	31点	25点

↓
退室

22点以上で合格

---

*アティチュード（attitude）

attitudeとは「態度･姿勢」という意味で、二次試験では主に次のような点が評価の対象となっています。

①積極性
✓知識不足で適した言葉が出ない際も、知っている単語をなんとか駆使し、相手に伝えようと努力しているか。

②明瞭な声
✓相手にとって聞き取りやすい声で話しているか。
✓適切な発音、アクセントで話しているか。

③自然な反応
✓相手の言葉に対して、不自然なくらい長い間が置かれていないか。

「合格のための短期集中トレーニング」

ステップ1 ナレーション

☑ 問題の傾向を知る

☑【動作表現】【感情表現】【状況説明表現】を覚える

▶第２章でトレーニング！

☑ 時間配分を意識する

☑【つなぎ言葉】を覚え、ストーリーを上手に展開する

☑ 知識不足で英語が出てこないとき、
知っている語彙で言い換える機転の速さを鍛える【パラフレーズ】

▶第２章でトレーニング！

☑時間配分を意識

面接試験の第１関門がナレーションです。最初に１分間、４コマ漫画を見る時間が与えられ、そのあと２分間でストーリーを述べます。１分という制限時間内で４コマの内容について話す「ネタ」を考え終える必要があります。

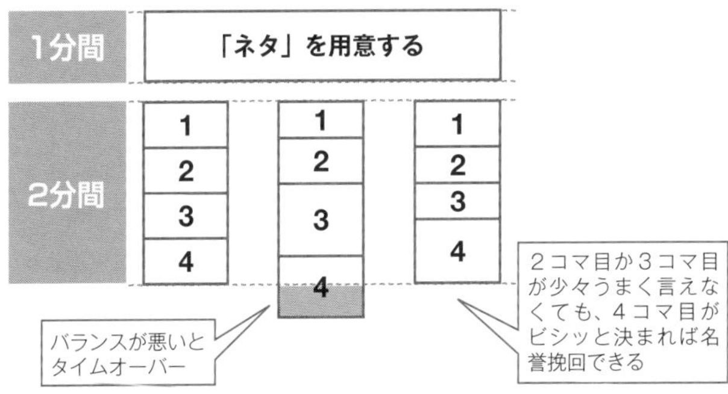

できれば英語にしやすい、正確で説明的かつシンプルな無理のない日本語（理想的には英語）でストーリーを考えます。分量の目安は与えられた最初の１文＋オリジナル８文程度です。

☑ シーンとシーンのつなぎ言葉を使いこなそう！

使用度★★★

One day [evening]	ある日［ある夕方］
The next day [morning]	次の日［次の日の朝］
A year [few days, few minutes] later	1年後［数日後、数分後］
Later that day [evening]	同日の後ほど［その日の夕方］
After class [the party, concert, game, performance]	授業の後［パーティー、コンサート、試合、公演の後］
At [During] the meeting [party, interview]	会議で［パーティーで、インタビューで］
That weekend [night, morning]	その週末［その夜、その朝］
Then, Suddenly [All of a sudden]	それから、突然［不意に］

使用度★★

Because of [From] that experience	その経験があるから
On the day of the event [election, party]	イベント当日［選挙当日、パーティー当日］
On the way to ～	～に向かう途中で
On the train home	帰宅途中の電車で
In the meantime	そのあいだに
Meanwhile	一方
Finally	ついに
Fortunately, Luckily [Unfortunately]	幸いにも［不幸にも］
At the end of the day	その日の最後に
From that day on	その日から
In contrast	対称的に
In the end, (they agreed)	最後は（彼らは同意した）

ステップ2 4コマ漫画のQuestion

☑ 頻出トピックをおさえよう！

さて、続いて二次試験に出題される４コマ漫画のトピックの傾向を見てみましょう。まず、過去10年間のトピック分析では、次のようになっています。

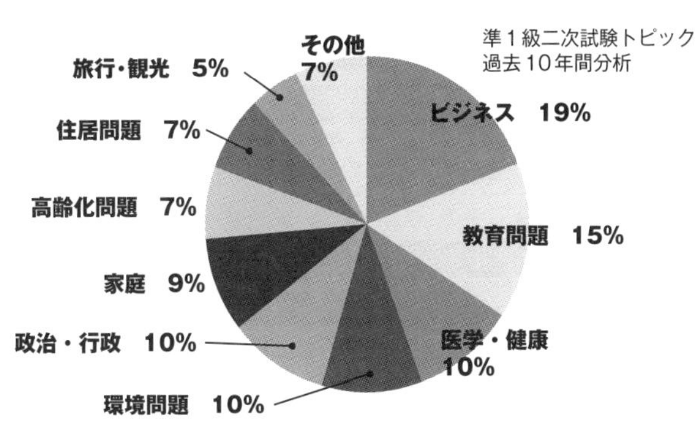

第1位 ビジネス トピックは多岐にわたる。

頻出！
- 転勤・海外転勤オファー
- 職場配置換えの苦悩
- 単身赴任
- 在宅勤務
- 都会の仕事の重い負担
- サービス残業
- 実家の農業選択か否か
- 経費節減の問題点
- 町おこし
- MBA取得勉強

※MBAとは、経営学の修士号のこと。

第2位 教育問題 学校教育と家庭での教育に分かれ、子どもの人格形成に関するトピックが多い。

頻出4回以上出題！
- 子どもの遊び場問題

重要！
- スポーツによる子どもの人格形成
- テレビゲームと子どもの成績

重要！
- 子どものコンピューター教育
- 子どもの運動不足対策
- 卒業後の進路（俳優志望など）

第3位 医学・健康

重要! 公衆での喫煙　筋トレ　有機食品　頻出! 減量
ランニング　山登りでの応急手当

環境問題

ごみ処理問題　重要! エコカー　ソーラーパネルの問題点
クールビズ　環境保全と雇用対策のジレンマ　環境保全推進コンサート

政治・行政　乗り物に関するものが多い。

頻出4回以上出題! 交通行政　ヘルメット着用違反　駐車場問題（自転車違法駐車など）
赤字路線対策　都市開発計画（球場の有効利用など）
投票率 UP 対策

第4位 家庭　親子関係とジェンダー問題に分かれ、後者のほうが重要。

重要! 親子関係　家族旅行　頻出! 共稼ぎの苦難（仕事と育児の両立問題など）
家庭園芸のむずかしさ

第5位 高齢化問題

重要! 退職後の仕事　頻出! 介護問題（親と同居と介護の苦労、同居願望など）
電車で席を譲る

住居問題

重要! 都会と田舎の暮らし　ショッピングモール設立の功罪
屋上公園設置　広い家と兄弟関係

第6位 旅行・観光

国際交流関係

このように見ていくと、英検準1級二次試験のトピックの傾向がわかります。本書では、過去の出題傾向分析に基づいてトレーニングを行っていきます。

ステップ3 社会問題に関するQuestion

No. 2～No. 4でよく問われる社会性のある質問では【英語の論理的思考力】が必要です。質問の事柄から離れることなく、だいたい30～35語を目安に、3つの節(S+V の構文)で話せれば満点の5点が取れるでしょう。その半分の15～18語くらいで話せれば3点が取れます。 第4章でトレーニング！

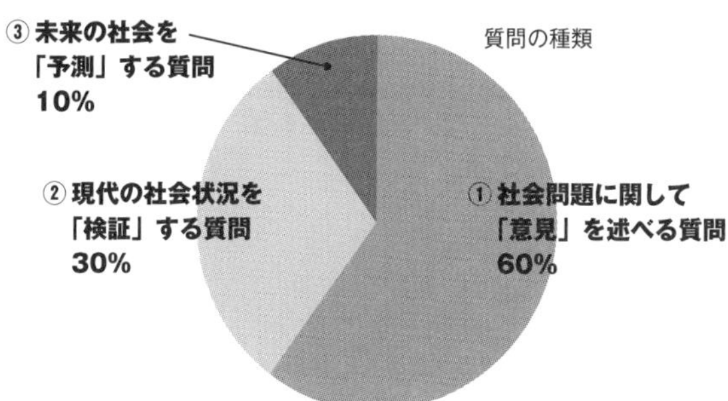

この中でもっともむずかしいのは、②の「世相検証型問題」と③の「世相予測型問題」ですが、これらも現代社会の情勢に常日頃から関心を持っておけば、楽に対応できるでしょう。池上彰氏の時事解説本や、拙著『英語で経済・政治・社会を討論する技術と表現』(ベレ出版)で情報を仕入れておくのも有効です。過去に出た質問の例を、トピックも表示しながらいくつかご紹介しましょう。

意見を述べるタイプの質問

Do you think that married couples should share the housework equally these days?
(夫婦は家事を平等に分担すべきか) 家庭 難易度★

Should schools provide more physical education for their students?
(学校は体育教育をもっとすべきか) 教育 難易度★★

Should the government impose stricter regulations on the way companies advertise their products?
(政府は企業の広告をもっと規制すべきか) メディア 難易度★★★

世相検証型の質問

Do you think that people are more wasteful with their money these days?
（現代人は昔よりお金を消費していると思うか） 経済 難易度★★

Why do you think that many people prefer to travel overseas on vacation?
（なぜ多くの人は海外旅行に行きたがると思うか） レジャー 難易度★★

Why do you think that many young people seem to have little interest in politics?
（なぜ多くの若者は政治に無関心だと思うか） 政治 難易度★★★

世相予測型の質問

Would people be willing to pay higher taxes to get better public services?
（公共サービス改善のための増税に国民は賛成するか） 政治 難易度★★★

Will it become more common for people to live with their aging parents in the future?
（高齢の両親との同居は将来普及するか） 高齢化 難易度★★★

Do you think that the crime rate in Japan will increase in the future?
（日本の犯罪率は将来増大するか？） 政治 難易度★★★

いかがですか。即興でこれらの社会問題の質問に答えられるでしょうか？日本語でもむずかしいかもしれませんね。面接では、英語力の問題というより、話すべき「ネタ」がなくて口ごもってしまう受験生が実に多いのです。

特に経済、ビジネス、教育、環境、家庭の分野はよく出題されます。これらの分野に関する諸問題に関心を持ち、論理的に自分の意見を述べられるように準備しておく必要があります。すばやく善悪の判断（value judgment）をし、その理由を即座に述べることが大切です。本書で【英語論理的思考力】を鍛えてください。

第2章

短文練習

07 → 41

英検準1級の面接必須テーマから、まずはワンフレーズの短文を瞬間的に言えるようになる練習を行います。何度も繰り返し練習しておけば、本番に必ず役に立ちます。

Unit 1 日常生活①

日常生活では、毎日しなければならないことや、日常でよく起こるトラブルに関して、英語ですらすら言えるようにしておかなければなりません。

□□ 1 電話に出てください。 ➡ **answer the phone** 電話に出る

□□ 2 その母親はしわくちゃのシャツにアイロンをかけました。 ➡ **iron the shirt** シャツにアイロンをかける

□□ 3 私は洗濯物をクリーニング屋さんに出しました。 ➡ **dry cleaner** クリーニング店

□□ 4 彼の母親はもはや自分で自分の面倒が見られません。 ➡ **look after oneself** 自分で自分の面倒を見る

□□ 5 私は７時に目覚まし時計を合わせましたが、寝過ごしてしまいました。 ➡ **oversleep** 寝過ごす

□□ 6 おもちゃを片付けなさい。床に掃除機をかけますよ。 ➡ **vacuum the floor** 床に掃除機をかける

□□ 7 家事がたまってしまいました。 ➡ **household chores** 家事

□□ 8 その労働者は本を読みながら寝てしまいました。 ➡ **fall asleep over a book** 本を読みながら寝入る

✔Check! とっさに使える基本動詞も覚えよう

do のコンセプトは**「ある目的を持って何かをする」**で、do one's hair（髪をとかす）、do the dishes（皿を洗う）、do an article（記事を書く）、do the flowers（花を生ける）、do the room（部屋を片付ける）、do business with ～（～と取引する）などが重要。

1 **Answer the phone, please.**
➲「電話に出る」は、ほかに pick up [get] the phone とも言える。「電話を切る」は hang up the phone。

2 **The mother ironed the wrinkled shirts.**
➲ iron は「アイロンをかける」という意味の動詞として使える。

3 **I took the laundry to the dry cleaner.**
➲「洗濯物が仕上がる」は laundry is due と言う。

4 **His mother can no longer look after herself.**
➲ take care of herself とも言う。

5 **I set the alarm for 7 o'clock, but I overslept.**
➲「目覚まし時計を ～ 時にセットする」は set the alarm for～。

6 **Pick up your toys. I'm going to vacuum the floor.**
➲「部屋を片付ける」なら tidy up the room。

7 **The household chores have been piling up.**
➲「ほこりがたまる」なら gather[collect] dust。

8 **The worker fell asleep over a book.**
➲ doze off over を使うと、うとうと感が出せる。fall sound asleep は「熟睡する」。

日常生活②

ここで選んだ日常生活に関する表現は、量こそ少ないものの、英語学習中級者が言えそうで言えないものを多く含んでいます。

□□ 1	その男はベッドの上で大の字になりました。	➡ **stretch out on** ～の上で大の字になる［手足を伸ばす］
□□ 2	嵐のあいだ、停電しました。	➡ **failure** を使う
□□ 3	同時に電子レンジとドライヤーとエアコンを使ったら、ヒューズが飛びました。	➡ **blow** を用いる
□□ 4	私はシャワーの後、いつも髪の毛をブローして乾かします。	➡ **blow-dry one's hair** を用いる
□□ 5	掃除機のコンセントを入れてください。	➡ **plug in** を使う
□□ 6	彼は母親がベッドから起きて車椅子に移るのを助けました。	➡ **wheelchair** 車椅子
□□ 7	まだ洗っていない洗濯物がたくさんかごに入っています。	➡ **laundry to be done** まだ洗っていない洗濯物
□□ 8	彼の父親は壁に釘を打ちました。	➡ **drive a nail into the wall** 壁に釘を打つ

✔Check! とっさに使える基本動詞も覚えよう

take のコンセプトは **「取り込む・どこかに移動する」** で、take it easy（気楽に考える）、take his temperature（彼の体温を測る）、Take your time.（ごゆっくり）、take *TIME* magazine（『タイム誌』を購読する）、The disaster took many lives.（その災害は多くの人命を奪った）などが重要。

1 **The man stretched out on the bed.**
➡ stretch oneself は「体を伸ばす」、stretch one's arms は「手を伸ばす」。

2 **There was a power failure during the storm.**
➡ have a power failure, power fail も使える。

3 **The fuse has blown because I used a microwave, hair dryer, and air-conditioner at the same time.**
➡「電子レンジ」は microwave oven、ドライヤーは blow-dryer とも言う。

4 **I always blow-dry my hair after taking a shower.**
➡ dry my hair でもよいが、blow-dry のほうがよく使われる。

5 **Please plug in the vacuum cleaner.**
➡「コンセントを抜く」は unplug the vacuum cleaner。

6 **He helped his mother get out of the bed and into her wheelchair.**
➡ 前置詞の使い方に要注意!

7 **There is a lot of laundry to be done in the basket.**
➡「洗濯をする」do the laundry［washing, washing-up］の順に用いられる。

8 **His father drove a nail into the wall.**
➡ そのほか、hammer a nail into the wall などとも言う。

Unit 2 子育て

子育てに関する表現では、手に負えない子どもをコントロールしたり、子どもの才能開発のために学校以外の教育をしたりすることに関するものが重要です。

☐☐ 1 その母親は息子を膝の上に抱いていました。 ➡ **hold ~ on one's lap** ~を膝に抱く［乗せる］

☐☐ 2 その母親は息子をおもちゃでなだめようとしました。 ➡ **calm ~ down** ~を落ち着かせる［なだめる］

☐☐ 3 その夫婦は自分たちが下した決断に複雑な思いを抱いています。 ➡ **mixed feelings** 複雑な心境

☐☐ 4 その父親は赤ん坊の世話をするのに苦労していました。 ➡ **have a hard time ~ing** を用いる

☐☐ 5 その少年は多忙なスケジュールで友だちから孤立しました。 ➡ **isolate** を使う

☐☐ 6 その母親はピアノのレッスンのために少女の勉強する時間が削られるだろうと心配していました。 ➡ **take time away from ~** で表現しよう

☐☐ 7 今日の親は子どもに多くのことを期待しすぎます。 ➡ **expect too much** を使う

☐☐ 8 親は子どもにもっと厳しくしつけをするべきです。 ➡ **impose strict discipline on** を使う

✔Check! とっさに使える基本動詞も覚えよう

give のコンセプトは「**何かを与え、与えすぎてたわむ（へこむ）**」で、give him an angry look（彼を怒った眼で見る）、Give me five days.（5日待ってください）、Give it to me straight.（はっきり言ってください）、Give it all you've got!（全力でやれ！）などが重要。

1 **The mother was holding her son on her lap.**
➡ lap は「（すわった状態で）腰から膝頭までの子どもや物を載せたりする部分」で、knee（膝小僧）とは異なる。

2 **The mother tried to calm her son down with a toy.**
➡「泣く子をなだめる」は soothe [pacify, calm] a crying child。

3 **The couple have mixed feelings about the decision they made.**
➡ a mixed blessing は「痛し痒(かゆ)し」。

4 **The father was having a hard time taking care of his baby.**
➡ have trouble [a hard time, difficulty] ~ing の順に用いられる。

5 **The boy's busy schedule isolated him from his friends.**
➡「無生物主語」を使えば英語らしくなる。

6 **The mother was concerned that the piano lessons would take time away from the girl's studies.**
➡ concerned は「愛情を持って心配する」。

7 **Parents today expect too much from their children.**
➡ from が使えるようにしましょう。

8 **Parents should impose more strict discipline on their children.**
➡「子どもしつける」は discipline their children。

Unit 3 行動①

行動表現では、まず「転ぶ」「追いかける」「叩く」「あいさつをする」などをはじめとする「動作表現」を何度も音読して、運用できるようにしましょう。

□□ 1 その少年は祖母に手を振って別れの挨拶をしました。 ➡ **wave goodbye to ~** ~に手を振ってさようならのあいさつをする

□□ 2 私は彼女にその本を貸すことにしぶしぶ同意しました。 ➡ **reluctantly** を使う

□□ 3 私は彼がわざと君を傷つけたとは思いません。 ➡ **on purpose** を用いる

□□ 4 おぶってあげましょう。 ➡ **carry ~ on one's back** 背中にかつぐ

□□ 5 彼は寒さで震えていました。 ➡ **shiver with ~** ~で震える

□□ 6 彼女が転びそうだったので、私はとっさに彼女の腕をつかみました。 ➡ **instinctively** を使う

□□ 7 警官は強盗のあとを追いかけました。 ➡ **run after ~** ~を追いかける

□□ 8 彼は庭にある望遠鏡を覗き込みました。 ➡ **peer into ~** ~ の中をのぞく

✔Check! とっさに使える基本動詞も覚えよう

run のコンセプトは「**走る・走らせる**」で、run a marathon（マラソンに出場する）、run on batteries（電池で動く）、run for the Presidency（大統領に立候補する）、run a bath（浴槽に湯を入れる）、run a red light（信号を無視する）などが重要。

1 **The boy waved goodbye to his grandmother.**
➲ say goodbye to ~ なら「~に別れを告げる」となる。

2 **I reluctantly agreed to lend the book to her.**
➲ agree to ＋動詞（することに同意する）は重要表現。

3 **I don't think he hurt you on purpose.**
➲ I didn't mean any harm.（悪気はなかった）も重要表現。

4 **Let me carry you on my back.**
➲「お盆にアイスクリームを載せて運ぶ」なら carry the tray with the ice cream on it、「~を無事に助け出す」なら carry ~ to safety。

5 **He was shivering with cold.**
➲ shiver with fear は「恐怖で震える」。これも覚えておこう。

6 **When she almost fell, I instinctively grabbed her by the arm.**
➲ unconsciously も使え、「思わず」なら reflexively, automatically が使える。

7 **The police officer ran after the burglar.**
➲ chase after ~も覚えておこう!

8 **He peered into the telescope in the garden.**
➲ 簡単に言えば、look into であるが、peek into は「すばやくこっそりと覗き込む」で、peer into は「目を凝らして覗き込む」。

行動②

行動表現では、「からかう」「どなる」「こっそりと～する」「わざと～する」のようなネガティブなものも多いので、運用できるようにしておきましょう。

□□ 1 幼い頃、妹をだましてからかいました。 ➡ **play a trick on ～** ～にいたずらをする

□□ 2 私の妹は部屋の隅に隠れようとしました。 ➡ **hide in the corner** 隅に隠れる

□□ 3 誰かがドアをバンバン叩(たた)いていました。 ➡ **bang on the door** ドアをバンバン叩く

□□ 4 その父親は子どもに邪魔するのをやめてくれとどなりました。 ➡ **shout [yell] at + 人 + to 動詞**を用いる

□□ 5 その俳優は群がる記者たちを追い払いました。 ➡ **drive ～ away** を用いる

□□ 6 彼らは反戦デモを行いました。 ➡ 動詞は **stage** を使う

□□ 7 そのハッカーはこっそりと彼女のコンピューターに入り込みました。 ➡ **secretly** を使ってみよう

□□ 8 急いでその場所を去らねばならなかった。 ➡ **in a hurry**

✔Check! とっさに使える基本動詞も覚えよう

getのコンセプトは**「あるものに向かって（動かして）至る、あるものが自分に向かって来る」**で、Don't get me wrong!（勘違いしないでよ）、get him to do ～（彼を説得して～してもらう）、get the TV working（テレビを直す）、get nowhere（らちがあかない）などが重要。

1 **When I was young, I used to play tricks on my younger sister.**
➡「からかう」は tease ～、「いじめる」は pick on ＋人。

2 **My little sister tried to hide in the corner.**
➡ around the corner（角を曲がった所で、もうすぐ）も重要。

3 **Someone was banging on the door.**
➡ 普通にノックする場合は knock on the door。ほかに「ドアをバタンと閉める」は slam the door。

4 **The father shouted at his kid to stop bothering him.**
➡ shout は主に「怒って」叫び、yell は「怒り･興奮･恐怖･痛み」で叫び、scream は「恐怖・怒り・興奮」で甲高い声で叫ぶことを言う。

5 **The actor drove a crowd of reporters away.**
➡「～を脅して追い払う」なら scare ～ away。

6 **They staged a demonstration against the war.**
➡ このほか、carry out a demonstration とも言える。「ストをする」は go on a strike。

7 **The hacker secretly entered her computer.**
➡「こっそりと」は、ほかに in secret［private］でも表せる。

8 **I had to leave the place in a hurry.**
➡ quickly は「すばやく」、hurriedly は「時間がないので急いで」。ほかに hurry［rush］to the station（急いで駅に行く）、hurry to do my work（急いで仕事をする）も覚えておこう。

行動③

二次試験では、「往来・移動」や「対話」に関する表現がどんどん出てきます。関連表現といっしょにマスターしましょう。

□□ 1 子どもたちは、親に自分たちがまだベッドに入っていないことを知られないように、ささやき声で話しました。 ➡ **talk in a whisper** ささやき声で話す

□□ 2 トムが彼女を訪ねた時、彼女はまさに家を出ようとしていました。 ➡ **be just about to ~** まさに~しようとしている

□□ 3 祖父はときどき床にあぐらをかいて座ります。 ➡ **sit cross-legged** あぐらをかく

□□ 4 長い間正座をしたので、足がしびれました。 ➡ **one's legs fall asleep** 足がしびれる

□□ 5 私はくらくらして、道端にしゃがみ込みました。 ➡ **squat down** しゃがむ

□□ 6 彼の叔父は動物実験反対の嘆願書に署名しました。 ➡ **sign a petition** 嘆願書に署名する

□□ 7 その二国間の政治会談は結局失敗に終わりました。 ➡ **end up ~** ~するはめになる

□□ 8 今日就職の面接試験があるのです。成功を祈っていてください。 ➡ **keep one's fingers crossed** 幸運を祈る

✔Check! とっさに使える基本動詞も覚えよう

come のコンセプトは**「ある対象に近づいてゆく」**で、My family comes first.（私は家庭がいちばん）、come to $100（合計100ドルになる）、It's coming to me.（思い出しそう）、come around to your opinion（君の意見に従う）、hard to come by（手に入れにくい）などが重要。

1 **The children talked in a whisper so that their parents wouldn't notice they were still not in bed.**
➲ ほかに whisper in his ear（耳元でささやく）

2 **When Tom visited her, she was just about to leave the house.**
➲ I was about to call you. なら「今電話しようと思っていたの」となる重要表現。

3 **My grandfather sometimes sits cross-legged on the floor.**
➲「ひざまずく」は kneel down。

4 **My legs have fallen asleep after sitting on my heels for a long time.**
➲ go to sleep とも言う。また「しびれている」は be asleep。

5 **I felt dizzy and squatted down on the side of the street.**
➲ feel dizzy（めまいがする）も重要表現。

6 **His uncle signed a petition against animal experiments.**
➲ a petition against ～は「～に反対する請願書」。

7 **The political talks between the two countries ended up in a failure.**
➲ end up dead [broke]（死ぬ羽目［一文無し］になる）。

8 **I'm going for a job interview today. Keep your fingers crossed for me.**
➲ Wish me good luck. でもよい。

Unit 4 飲食

飲食に関しては、外食の状況が多いので、「食べる」に対しても、eat だけではなく様々な表現も覚えましょう。

□□ 1 新婚夫婦に乾杯！ ➡ **make a toast** 乾杯する

□□ 2 ご自由にスープをお代わりしてください。 ➡ **help yourself to ~** を使う

□□ 3 これを食べてみて。気に入ると思いますよ。 ➡ 動詞は **try** を用いる

□□ 4 私たちはたまにテイクアウトして家で食べます。 ➡ **order some takeout food** 出前を取る

□□ 5 昨日はとても忙しくて、昼食を抜かなければなりませんでした。 ➡ **skip lunch** で表現してみよう

□□ 6 驚いたことに、その赤ん坊はバナナの皮をむくことができました。 ➡ **peel (off) a banana** を使う

□□ 7 彼はカフェテリアでコーヒーを飲みながら腰を下ろしていました。 ➡ **cafeteria** （セルフサービスの）食堂

□□ 8 私たちがそのレストランに着いた時、数人が席に案内されるのを待っていました。 ➡ **wait to be seated** 席に案内されるのを待つ

✓Check! とっさに使える基本動詞も覚えよう

bring のコンセプトは**「持ってくる」**で、bring happiness to the family（家族を幸せにする）、bring up her children（子どもを育てる）、bring up the subject（その話題を持ち出す）、bring down the price（値段を下げる）などが重要。

1 **Let's make a toast to the newlyweds.**

➡ make [propose, drink] a toast to the prosperity of ~（~の繁栄を祝って乾杯する）のように使う重要表現。

2 **Help yourself to another cup of soup.**

➡ Help yourself. だけで「自由にお食べください」となる重要表現。

3 **Try this food. You will like it.**

➡ tryは「試しにやってみる」で、try the recipe（試作する）、try the car（試乗する）、try the new coffee（飲んでみる）のように幅広く使える。

4 **We sometimes order some takeout food and eat it at home.**

➡ takeout restaurant は「持ち帰り用のレストラン」

5 **I was so busy yesterday that I had to skip lunch.**

➡ skip the class [meeting] は「クラス［会議］をさぼる」

6 **To my surprise, the baby was able to peel a banana.**

➡ "peel" は「手や刃物」で、"pare" は「刃物」で皮をむくことを言う。

7 **He was sitting down, having a cup of coffee at the cafeteria.**

➡「座る」にはこれ以外にも、be seated、take [have] a seat がある。

8 **When we arrived at the restaurant, several people were waiting to be seated.**

➡ wait to ＋ V は重要で、wait to be rescued（救助を待つ）、wait to be examined（検査を待つ）のように使える。

Unit 5 感情①

ポジティブなものでは、「感動」「楽しみ」「うっとり」「ほっとする」「満足」などが重要なので、英語で言えるように音読練習しておきましょう。

□□ 1 騒いでいたので、バスの運転手は私たちをにらみつけました。 ➡ **glare at ～**を使う

□□ 2 トムは英語のテストの結果を心配しているようでした。 ➡ **look worried** 不安げな様子である

□□ 3 そんな悲しい顔をしないでください。 ➡ 動詞は **give** を使う

□□ 4 恥ずかしさで私の顔は真っ赤になりました。 ➡ **turn red** 赤面する

□□ 5 彼は自分が起こした騒ぎを恥ずかしく思いました。 ➡ **be embarrassed about ～** ～を恥ずかしいと思う

□□ 6 彼は彼らの演技にうっとりしました。 ➡ **be fascinated by ～** ～にうっとりして

□□ 7 彼はどうしたらよいのかわからず途方にくれました。 ➡ **be at a loss** 途方にくれる

□□ 8 私は彼女の将来がとても楽しみです。 ➡ **be excited about ～** ～にわくわくして

✔Check! とっさに使える基本動詞も覚えよう

share のコンセプトは「**分かち合う**」で、share the apartment with ～（～とアパートを借りる）、share housework（家事を分担する）、share the umbrella（相合傘をする）、share joys and sorrows with ～（～と苦楽を共にする）などを覚えておこう。

1 **The bus driver glared at us for shouting.**
➡ look angrily at ～、give ～ an angry look でも表現できる。

2 **Tom looked worried about the result of the English test.**
➡ そのほか、look anxious [nervous, concerned] とも表現できる。

3 **Don't give me such a sad face.**
➡「～に怒った［変な］顔をする」は give ～ an angry [strange] look

4 **I turned red with shame.**
➡ blush with shame とも言える。

5 **He was embarrassed about all the fuss he made.**
➡ fuss は「騒動」の意味だが、make a fuss about ～には「～について騒ぎ立てる（ちやほやする）」の意味がある。

6 **He was fascinated by their performance.**
➡ be attracted by/to は「魅了される」、be enchanted by ～（～にくぎづけ）も覚えておこう。

7 **He was at a loss what to do.**
➡ at a loss for words [an answer] なら「言葉に詰まる [返答に困る]」。

8 **I am very excited about her future.**
➡ be excited about は「未来」のことに対する期待感を表す。よく手紙の末尾に使う look forward to はやや儀礼的。わくわく感をダイレクトに表現したいなら、I can hardly wait! と言える。

感情②

ネガティブなものでは、「心配」「落ち込み」「途方に暮れて」「いらいら」「機嫌が悪い」「あわてた」などを英語で言えるように音読練習しましょう。

□□ 1 彼はその音にいらいらしていました。 ➡ **be irritated** を使ってみよう

□□ 2 お風呂に入ると気持ちがいいです。 ➡ **feel refreshed** さわやかな気分になる

□□ 3 私はそれを聞いてほっとしました。 ➡ **be [feel] relieved** ほっとする

□□ 4 あなたに会えてとてもよかったです。 ➡ 「うれしい」には多くの表現がある

□□ 5 父はその結果に満足でした。 ➡ **be satisfied with ~** を使う

□□ 6 彼女は今日機嫌がよくありません。 ➡ **be in a good mood** 機嫌がよい

□□ 7 彼女は将来に対してやけになっています。 ➡ **be desperate** を使う

□□ 8 皆が非難するので、彼は気が滅入っています。 ➡ **be depressed** 落ち込んで

✔Check! とっさに使える基本動詞も覚えよう

miss のコンセプトは「**しそこなう**」で、miss the train（電車に乗り遅れる）、miss the point（的外れをする）、miss the party（パーティに行けない）、miss four pages（4ページ抜けている）、miss his telephone call（不在のため彼からの電話を受けられない）などが重要。

1 **He was irritated by the noise.**
➡ be frustrated [annoyed] もよく使う。

2 **I feel refreshed after a bath.**
➡ I feel great. は「気分爽快、元気はつらつ」ということ。

3 **I was relieved to hear that.**
➡「ほっとして微笑む」smile with relief、「ほっとため息をつく」sigh with relief も覚えよう!

4 **I am very glad that I was able to meet you.**
➡ このほかにも「うれしい」には、pleased, happy, delighted, be proud of ~などがある。

5 **My father was satisfied with the result.**
➡ 簡単には be happy about であるが、意味が弱くなる。

6 **She is not in a good mood today.**
➡ 簡単に言えば、in a bad mood である。be in high [low] spirits（意気揚揚［意気消沈］も覚えておこう。

7 **She is desperate about her future.**
➡ desperate for money [food, advice]（必死で求めている）も重要。

8 **He is depressed because everybody blames him.**
➡ depressed は very sad without hope のこと。

感情③

今度は、「感動の涙」「息をのむ」「しかめっつらをする」のような、もう少し高度な感情表現を覚えて表現力をUPしましょう。

□□ 1 試合に勝って、私たちはうれし泣きをしました。 ➡ **cry for joy** うれし泣きをする

□□ 2 私はこれらの結果にひどく落胆しました。 ➡ **be disappointed** を使う

□□ 3 私は彼女の話を聞いて感動の涙を流しました。 ➡ **be moved to tears** 感動の涙を流す

□□ 4 私の妹は驚いて目を見開きました。 ➡ ここでは **be surprised** を使おう

□□ 5 彼は期待感で息を詰めていました。 ➡ 動詞は **hold** を使う

□□ 6 少女は母親に牛乳を飲むように言われて、しかめっつらをしました。 ➡ **make a face** しかめっつらをする

□□ 7 その少年は頭（こうべ）を垂れて、ばつが悪そうに聞いていました。 ➡ **bow one's head** 頭を垂れる、頭を下げる

□□ 8 ほかの者が皆あわてた時でも、彼女は落ち着いていました。 ➡ **be in a panic** あわてふためいて

✓Check! とっさに使える基本動詞も覚えよう

build のコンセプトは「**築く**」で、build character（人格を形成する）、build up physical strength（体力作りをする）、build trust（信用を築く）、build confidence（自信をつける）、build a reputation（評判を築く）、be built into the wall（壁に作り付けてある）のように使う。

16

1 **When we won the game, we cried for joy.**
➡ shed tears of joy とも言える。

2 **I was greatly disappointed with these results.**
➡ 副詞は terribly, deeply, bitterly, extremely なども使える。

3 **I was moved to tears by her speech.**
➡ be moved [impressed] だけだと「感動する」となる。

4 **My sister was surprised and had her eyes wide open.**
➡「驚いて」はこのほか be astonished [amazed] などがある。

5 **The man held his breath in anticipation.**
➡ hold one's breath under water は「水中で息を止める」。

6 **The little girl made a face when her mother told her to drink the milk.**
➡ make a face には「滑稽な顔をする」の意味もある。「顔をしかめる」には frown もある。

7 **The boy bowed his head and listened in embarrassment.**
➡「恥ずかしそうに頭をかく」scratch one's head in embarrassment も重要!

8 **When everyone else was in a panic, she remained calm.**
➡ Don't panic!「慌てないで!」も重要。

感情④

さらにワンランクUPの「むせび泣く」「恐ろしさのあまり息をのむ」「恐怖で叫んでのけぞる」「ぞっとする」まで行ければ表現力はたいしたもの。

□□ 1 彼女はむせび泣いて、何も言えませんでした。 ➡ **be choked with tears** むせび泣く

□□ 2 私の母はおばあちゃんになって大喜びでした。 ➡ **be overjoyed** を使う

□□ 3 その女性は幽霊を見て、恐ろしさのあまり息をのみました。 ➡ **gasp in horror** 恐怖で息をのむ

□□ 4 私が彼女の肩に手を置いた時、彼女は恐怖で叫んでのけぞりました。 ➡ **in fright** 恐怖で

□□ 5 みんなが飛行機事故という悲劇に動転していました。 ➡ **be upset** 動転した

□□ 6 彼はその脅しを受けてひどく動揺しました。 ➡ **be badly shaken by ~** を使ってみよう

□□ 7 大きなゴキブリが彼女をぞっとさせました。 ➡ **give ~ the creeps** ~をぞっとさせる

□□ 8 彼は誇らしげに自分の子どもたちの偉業を話しました。 ➡ **talk proudly about ~** ~を自慢する

✔Check! とっさに使える基本動詞も覚えよう

meet のコンセプトは「**出会う**」で、meet the deadline（締め切りに間に合わせる）、meet the demand[needs]（要求を満たす）、meet the conditions [requirements]（条件を満たす）、meet the tight schedule（きついスケジュールをこなす）などが重要。

1 **She was choked with tears and couldn't speak.**
➡ be choked with emotion は「感極まって何も言えない」。

2 **My mother was overjoyed to be a grandmother.**
➡ be overjoyed の代わりに be beside oneself with joy も使える。

3 **The woman gasped in horror at the sight of the ghost.**
➡「恐がって」は be frightened, be scared。

4 **When I placed my hand on her shoulder, she screamed and jumped back in fright.**
➡ draw back in fear なら「怖がって尻込みする」。

5 **Everyone was upset by the tragedy of the plane crash.**
➡ be upset には「苛立った」の意味もある。

6 **He was badly shaken by the threat.**
➡ shaken は upset よりも強い動揺に用いる。

7 **A big cockroach gave her the creeps.**
➡ creepy story は「気味の悪い話」。

8 **He talked proudly about the accomplishments of his children.**
➡「自慢する」にはほかに、brag［boast］about がある。

Unit 6 人間関係

人間関係では、「職場」「人助け」「恋愛関係」などの必須表現がたくさんあります。

□□ 1 彼はその老婦人を助けようと声をかけました。 ➡ **offer** を使う

□□ 2 彼らはお互いに肩を組みました。 ➡ **put one's arm around someone's shoulder** 肩を組む

□□ 3 彼はついに彼女を口説き落としました。 ➡ **win** を使う

□□ 4 女の子ばかりえこひいきしてはいけません。 ➡ **favor ~ over ...** …より~をひいきする

□□ 5 彼が日本にいるあいだは、私たちみんなは彼に予定を合わせなければなりません。 ➡ **adjust to one's schedule** ~に予定を合わせる

□□ 6 彼は彼女に傘を貸して、あとで返すように言い聞かせました。 ➡ **remind *sb* to ~** …に~するように言い聞かせる ※ *sb*= somebody

□□ 7 同僚たちは何度も彼に歌を歌わせようとしました。 ➡ **try again** を使う

□□ 8 僕は好きな女の子と相合傘（あいあいがさ）をしたいです。 ➡ **share an umbrella** を使って表現する

✓Check! とっさに使える基本動詞も覚えよう

work のコンセプトは「**(糧を得るために) 働く・働かせる**」で、This medicine works.（この薬はよく効く）、work wonder [miracles]（奇跡を起こす）、work on the project（そのプロジェクトに取り組む）、work one's way through college（苦学して大学を卒業する）などが重要。

1 **He offered to help the elderly woman.**

➡ offer to carry one's bag（バッグを持ちましょう）、offer to buy one a drink（一杯おごりましょう）のように使える便利な表現。

2 **They put their arms around each other's shoulders.**

➡「肩を組んで歩く」ならwalk with their arms around each otherとなる。

3 **He finally won her love.**

➡ win は「勝ち取る」で、win his support [approval, trust]（彼の支持、了解、信用を得る）のように使う。

4 **Don't favor girls over guys.**

➡ 名詞の favor は return his favor（彼の行為にお返しする）のように使える。

5 **All of us must adjust to his schedule while he is in Japan.**

➡ meet a tight schedule は「きついスケジュールをこなす」。

6 **He lent her an umbrella and reminded her to return it later.**

➡ remind 人 to ~には「~ に~することを思い出させる」の意味もある。

7 **His coworkers tried again and again to get him to sing a song.**

➡「get 人 to 動詞」は「~に~するように説得する」。

8 **I want to share an umbrella with the girl I like.**

➡ share は share a bed [car, room] のように「いっしょに用いる」という意味合い。

Unit 7 メディア①

メディア関係では、インターネットや携帯電話に関する表現をどんどん覚えて表現力をUPさせましょう。

□□ 1 その教師は教え子の一人からお礼の手紙を受け取りました。 ➡ 動詞は **receive** を使う

□□ 2 私たちは路上でそのイベントを宣伝するチラシを配りました。 ➡ **fliers** チラシ

□□ 3 彼のレポートは騒音公害を扱っています。 ➡ **cover** を用いる

□□ 4 このカメラにはフィルムが入っています。 ➡ **load** （フィルムを）カメラに入れる

□□ 5 私はどうやって私のスマートフォンをマナーモードにすればよいのか知りません。 ➡ **turn on silent mode** マナーモードにする

□□ 6 私たちは週に1回の頻度でメルマガを配信しています。 ➡ **e-mail newsletter** メールマガジン

□□ 7 携帯の電源を切っている時は、留守番電話サービスをご利用いただけます。 ➡ **use the answering service** 留守番電話サービスを使う

□□ 8 私は友人たちのために写真を現像して焼き増ししました。 ➡ **develop** 現像する

✔Check! とっさに使える基本動詞も覚えよう

work はそのほかに、work out a solution（解決策を出す）、work on the project（そのプロジェクトに取り組む）、work off stress（ストレスを発散させる）などの表現もある。

1 **The teacher received a thank-you note from one of his students.**

➡ ほかに thank-you letter [sale, party]（お礼の手紙［謝恩セール、謝恩会］などがある。

2 **We handed out fliers advertising the event on the street.**

➡「配る」はhand [give] out。flierは1枚もののチラシで、leafletは1枚か2~4ページのチラシ。

3 **His report covers noise pollution.**

➡ cover は a survey covering 10 colleges（10の大学を扱った調査）のように使える。レポートなら deal with でも OK。

4 **This camera is loaded with film.**

➡ loaded gun は「弾丸を込めた銃」、loaded table は「たくさんの料理を並べたテーブル」。

5 **I don't know how to turn on silent mode in my smartphone.**

➡ put my smartphone into silent mode とも言う。

6 **We send out an e-mail newsletter on a weekly basis.**

➡「メルマガ」は e-mail magazine [newsletter] と言う。

7 **You can use the answering service when your phone is turned off.**

➡「留守電にメッセージを残す」は leave a message on sb's answerphone。

8 **I had the pictures developed and printed for my friends.**

➡「引き伸ばす」は enlarge を用いる。

第2章 短文練習

メディア②

メディアでは、この他、「手紙」「写真」「映画」「書物」「掲示」「チラシ」「回覧」など、多岐にわたる表現を覚えていきましょう。

□□ 1 監督はデジタルビデオカメラでドキュメンタリー映画を撮りました。 ➡ **shoot ~ with a video camera** ~をビデオに撮る

□□ 2 彼を待っているあいだ、本屋で立ち読みしました。 ➡ **browse** を使う

□□ 3 彼は新聞を読んでいたときに、興味深い記事を偶然見つけました。 ➡ 動詞は **come across** を使う

□□ 4 支配人は臨時休業の掲示を貼り出しました。 ➡ **put up a notice** 掲示を出す

□□ 5 彼は購読者全員に回覧を発送しました。 ➡ **a circular** 回覧物

□□ 6 スマートフォンの電波がよくありません。 ➡ **a bad smartphone connection** を使って表現してみよう

□□ 7 私は通話中の電話を保留にしてかかってきた電話に出ました。（割り込み電話の相手と話す） ➡ **put the call on hold** 電話を保留にする

□□ 8 彼はインターネットで株取引をしました。 ➡ **play the market** 株をやる、相場に手を出す

✔Check! とっさに使える基本動詞も覚えよう

put のコンセプトは「**あるものをある所・状態に置く**」で、put one's name on the paper（書類に名前を書く）、put the baby to bed（赤ちゃんを寝かせる）、put that in writing（書面にする）、put the team together（チームをまとめる）が重要。

1 **The director shot a documentary film with the digital video camera.**
➡「ビデオに撮る」は videotape ～、take ～ on video。

2 **I browsed in a bookstore while I was waiting for him.**
➡ browse には「（ネットを）閲覧する、〔店で商品などを〕冷やかしで見る」の意味もある。

3 **When he was reading a newspaper, he came across an interesting article.**
➡ come across は「物・人」に、run into は「人」に偶然出会うという意味。

4 **The manager put up a notice about a temporary closure.**
➡「テントを張る」は put up [set up] a tent、「～の標識が立っている」は there's a sign saying [that says] ～。

5 **He mailed the circular to all subscribers.**
➡「回覧板を回す」なら、pass a notice around from house to house in the neighborhood。

6 **I have a bad smartphone connection.**
➡「携帯が圏外だ」は My smartphone is out of service.

7 **I put the first call on hold and answered the second one.**
➡「割り込み電話が入っている」は、I've got another call coming in. と言える。

8 **He played the market on the Internet.**
➡ He had a stock trading ～でも OK。

Unit 8 旅行

旅行では、海外旅行のようなアウトバウンドの旅行とインバウンドの観光旅行（特に飛行機旅行）の両方の表現を覚えていきましょう。

□□ 1 今荷造り（にづくり）を始めないと、バスに遅れますよ。 ➡ **start packing** を使う

□□ 2 飛行機に乗るとマイレージをためることができます。 ➡ **accumulate mileage** マイレージをためる

□□ 3 あなたは出発前に旅行保険に加入する必要があります。 ➡ **buy travel insurance** 旅行保険に加入する

□□ 4 私は掲示板に貼られたボランティアツアーを宣伝しているポスターを見ました。 ➡ **poster** を使おう

□□ 5 彼のガールフレンドは彼にビーチリゾートのパンフレットを見せました。 ➡ **brochure** カタログ、案内書

□□ 6 彼らはお寺の情報を得るため,旅行案内所に行きました。 ➡ **travel bureau** を使う

□□ 7 日本人観光客は海外旅行中によくトラブルに遭います。 ➡ **get into trouble** を使う

□□ 8 文化遺産や観光名所は、世界遺産に登録されることでよりよく保護することができます。 ➡ **be better preserved by** を使う

✔Check! とっさに使える基本動詞も覚えよう

break のコンセプトは「**破壊、崩壊と誕生**」で、break one's promise [word]（約束を破る）、break the bad habit（悪習慣を断つ）、break silence（沈黙を破る）、break a 1000-yen bill（千円札をくずす）などが重要。

1 **You need to start packing now, or you'll miss the bus.**
➡ pack は意味が多く a packed train（満員電車）のようにも使える。

2 **You can accumulate mileage from your flight.**
➡「マイレージの積算マイル数に～ポイント加算してもらう」は、get ~ points added to one's frequent flier account。

3 **You need to buy travel insurance before departure.**
➡「保険に入る」は take out [get, buy] insurance を使い、「保険に入っている」は have [be covered by] travel insurance と言う。

4 **I saw a poster advertising a volunteer tour on the bulletin board.**
➡「～の広告を新聞に出す」は run [put, place] an ad for ~ in a newspaper。

5 **His girlfriend showed him a brochure for a beach resort.**
➡ pamphlet は短く簡潔な情報を、brochure はより詳細な情報を提供する。

6 **They went to the travel bureau to get some information about temples.**
➡ tourist information center「観光案内所」も重要。

7 **Japanese tourists often get into trouble while traveling abroad.**
➡ get involved in trouble「トラブルに巻き込まれる」も重要。

8 **Cultural heritages and scenic spots can be better preserved by their recognition as World Heritage sites.**
➡「世界遺産登録」recognition as World Heritage sites、「文化遺産」cultural heritages、「観光名所」scenic spots はどれも重要!

第2章 短文練習

Unit 9 買い物

買い物では、「列に並ぶ」表現から、「セールスの勧誘」、「配達」に関する表現まで幅広くカバーできるようにマスターしましょう。

□□ 1 ほとんどの電気製品は1年保証がついています。 ➡ **one-year warranty** 1年保証

□□ 2 支配人は納品を催促する電話をかけました。 ➡ **rush** を使う

□□ 3 私たちはテーマパークの新しい乗り物に乗るために長い列を作って待たなければなりませんでした。 ➡ **wait in a long line** 長い列を作って待つ

□□ 4 その女性は販売員の強引さに困ってしまいました。 ➡ **salesperson** 販売員

□□ 5 多くの人が順番を待っていたときに、その中年女性は列に割り込みました。 ➡ **cut in(to)** を用いる

□□ 6 そのお店は追加料金なしで即日配送してくれます。 ➡ **same-day delivery** 即日配送

□□ 7 その宅配会社は、あなたが留守の時は翌日配達してくれます。 ➡ **overnight delivery** 翌日配達

□□ 8 インターネットで買い物する人が増えています。 ➡ **shop on the Internet** を使う

✓Check! とっさに使える基本動詞も覚えよう

winのコンセプトは「**勝ち取る**」で、win（the）first prize（一等賞を勝ち取る）のほかに、win a lottery（宝くじが当たる）、win a contract（契約を勝ち取る）、win her love（彼女の愛を勝ち取る）、win their support（trust）（彼らの支持［信頼］）を勝ち取る）のように用いる。

1 **Most electronic goods come with a one-year warranty.**

➡「返金保証」はmoney-back guaranteeと言う。

2 **The manager made a call to rush the delivery.**

➡ rushはrush into marriage（慌てて結婚する）、rush人to a hospital（人を急いで病院に連れてゆく）のように用法が多い。

3 **We had to wait in a long line to get on a new theme park ride.**

➡ wait in a long line for the bus（長い列を作ってバスを待つ）のように使える重要表現。

4 **The woman was annoyed by the salesperson's hard-selling.**

➡ hard-sellingは「強引な押し売り」で、その反対はsoft-selling。

5 **The middle-aged woman cut into the line when many people were waiting for their turn.**

➡「順番を待つ」はwait (for) one's turn。forはあってもなくてもよい。

6 **The shop offers same-day delivery with no extra charge.**

➡「無料配達する」offer a free delivery。

7 **The trucking company offers overnight delivery when you are not at home.**

➡「宅配便」はhome [parcel]-delivery service。

8 **People who shop on the Internet have increased.**

➡ make a big purchase（大きな買い物をする）も重要!

Unit 10 レジャー／スポーツ

スポーツでは、予選に勝ち抜いて決勝進出、それを応援する状況など、また音楽ではコンサートや発表会などに関する表現が重要です。

□□ 1 私たちは日本代表チームを応援しました。 ➡ cheer 応援する

□□ 2 トムは芝生にゴロンと横になって肌を焼いていました。 ➡ get a tan を使ってみよう

□□ 3 ディーラーはトランプカードを切りました。 ➡ 動詞は shuffle を使う

□□ 4 この組の上位２チームだけがワールドカップ本大会に進むことができます。 ➡ advance to the finals 決勝に進出する

□□ 5 その男は100メートル走っただけで息切れしました。 ➡ out of breath を使う

□□ 6 日本代表チームは第２次予選を勝ち抜きました。 ➡ the second-round elimination 2次予選

□□ 7 彼女は毎晩レストランのピアノ伴奏で歌います。 ➡ accompaniment 伴奏

□□ 8 会社を出ると、彼女は近くのテニススクールに急いで行きました。 ➡ hurry to ～へ急ぐ

✔Check! とっさに使える基本動詞も覚えよう

lose のコンセプトは「**失う**」で、lose 10 pounds（10ポンドやせる）、lose 10 minutes a day（1日10分遅れる）、lose a game（試合に負ける）、there's no time to lose（一刻を争う）、lose face（面目を失う）などを覚えておこう。

1 **We cheered for Japan's national team.**
➡ root for ともいう。「拍手をする」は clap one's hands。

2 **Tom was lying on the grass to get a tan.**
➡「日焼け」はほかに、sunburn（赤い炎症）、suntan（浅黒くなる）とも言う。

3 **The dealer shuffled a deck of cards.**
➡「カードを配る」は deal cards、「カードを引く」は draw a card。

4 **Only the top two teams can advance to the World Cup finals.**
➡「準決勝」は semi-final、「準々決勝」は quarter-final。

5 **The man got out of breath when he ran only 100 meters.**
➡ lose one's breath とも言う。catch one's breath は「一息つく」。

6 **Japan's national team survived the second-round elimination.**
➡「予選」はこのほか、preliminary（round）、trial heat とも言う。

7 **She sings to a piano accompaniment at the restaurant every night.**
➡「音痴」は can't carry a tune、tone-deaf、「デュエットする」sing a duet。

8 **After leaving her office, she hurried to the nearby tennis school.**
➡ rush to the airport（空港に急いで行く）も重要!

Unit 11 乗り物①

車に関しては、「衝突事故」や「居眠り運転」「飛び出し」「交通渋滞」「違法駐車」などの問題に関する表現を覚えておきましょう。

1 私たちは目的地に間に合いました。 ➡ destination 目的地

2 運転手は急ブレーキをかけました。 ➡ 動詞は **hit** を使う

3 私たちは交通渋滞で動けなくなりました。 ➡ **get stuck** を使う

4 私はドアに挟まれました。 ➡ 前置詞に気をつけよう!

5 駐車場は建設中です。 ➡ under way 進行中で

6 彼は自動改札を通りました。 ➡ ticket gate 改札

7 エンストしました。 ➡ **stall** を使う

8 その車は電柱にぶつかりました。 ➡ utility pole 電柱

✔Check! とっさに使える基本動詞も覚えよう

catch のコンセプトは「**動いているのをサッと捕える**」で、catch her attention（彼女の注意を引く）、get caught smoking（喫煙を見つかる）、get caught in a shower（にわか雨にあう）、Paper catches fire easily.（紙は火がつきやすい）などが重要。

1 **We made it to our destination.**
➡「～に間に合う」では make it to ～が最も多く用いられる。

2 **The driver hit the brakes.**
➡ hit the accelerator は「アクセルを強く踏む」。

3 **We got stuck in a traffic jam.**
➡「交通渋滞」には、ほかに traffic congestion [backup] がある。

4 **I was caught between the doors.**
➡ 前置詞に between を使うのは電車のように2つのドアに挟まれることで、1つのドアにはさまれる場合は be caught in the door。

5 **The parking lot construction is under way.**
➡「駐車場」には、ほかに parking area [space, facility] がある。

6 **He went through the automatic ticket gate.**
➡「改札口で定期券を見せる」は show one's train pass at the ticket gate。

7 **The engine has stalled.**
➡「バッテリーが上がる」は the battery goes dead [goes flat, runs out] を用いる。

8 **The car smashed into a utility pole.**
➡ bump into another car from behind 「前の車に追突」も重要!

乗り物②

公共の乗り物に関して、「通勤ラッシュ」「自動改札」「席の奪い合い」「乗客の迷惑行為」などの表現が重要です。

□□ 1 少女が私の車の前に飛び出したとき、私はクラクションを鳴らしました。 ➡ **honk the horn** 車のホーンを鳴らす

□□ 2 その運転手は居眠り運転をしました。 ➡ **fall asleep at the wheel** 居眠り運転する

□□ 3 その車は人々が道をふさいだので、停止しなければなりませんでした。 ➡ **be in the way** を用いる

□□ 4 その弱々しい年配の男性はつり革につかまりました。 ➡ **strap** つり革

□□ 5 彼らは電車で席を奪い合いました。 ➡ 動詞は **scramble** を使う

□□ 6 子どもたちは興奮して、悲鳴を上げたり叫んだりして、乗客に迷惑をかけていました。 ➡ **disturb** 迷惑をかける

□□ 7 その夜、多くの車がその道路に違法駐車していました。 ➡ **illegally park** 違法駐車する

□□ 8 その警官は彼の車を脇に停車させました。 ➡ **pull over** （車を）停止させる

✔Check! とっさに使える基本動詞も覚えよう

set のコンセプトは「**ある定まった場所に据える**」で、set a good example（よい模範を示す）、set a place [date, time] for the meeting（会合の場所［日取り、時間］を決める）、set the mood（ムードを作る）、set the record（記録を作る）などが重要。

1 **I honked the horn when a girl suddenly ran in front of my car.**

➡ honk at ～は「～にクラクションを鳴らす」。

2 **The driver fell asleep at the wheel.**

➡「酒気帯び運転をする」は drive under the influence of alcohol。

3 **The car had to stop because people were in the way.**

➡「どいて」には (get) out of the way、step aside、move over などがある。

4 **The feeble elderly man held on to the strap.**

➡「しっかり持つ」は hold [hang] on to ～を用いる。

5 **They scrambled for a seat on the train.**

➡「～に席を譲る」は offer [give] one's seat to ～。

6 **The children were excited and screaming and shouting, disturbing the other passengers.**

➡「迷惑をかける」には、このほかにも bother、annoy、cause trouble、inconvenience がある。

7 **Many cars were illegally parked on the street that night.**

➡「駐車違反」は illegal parking、「スピード違反」は speeding。

8 **The police officer pulled him over to the side of the road.**

➡ by the side of the road とも言う。

Unit 12 トラブル①

トラブルでは、「災害」「犯罪」などに関して様々な重要表現があります。その中でも最重要な表現を挙げておきましたので、ぜひ覚えましょう。

□□ 1 台風で木が倒れました。 ➡ **knock down** を使う

□□ 2 彼の服に血が付いていました。 ➡ **be stained with** ～で汚れる

□□ 3 ベッドに横になってタバコを吸わないように。さもないと布団に火が点きますよ。 ➡ **catch fire** 火が点く

□□ 4 その強盗は彼女の手からかばんをひったくりました。 ➡ **snatch** を使う

□□ 5 僕はスリにやられました。 ➡ **have one's pocket picked** で表現しよう

□□ 6 その男の子は石につまずきました。 ➡ **stumble** を用いる

□□ 7 その酔っ払いはプラットホームの上を千鳥足(ちどりあし)で歩いていました。 ➡ **stagger** を使って「ふらふらと歩く」を表現しよう

□□ 8 彼はたばこでうっかりと彼女の上着を焦がしてしまいました。 ➡ 動詞は **burn** を使う

✔Check! とっさに使える基本動詞も覚えよう

try のコンセプトは**「試しにやってみる」**で、try the food（その食べ物を食べてみる）、try tennis（テニスにチャレンジする）、try the car（車を試乗する）、try the device（その装置を使ってみる）、try one's skill（腕試しする）などがある。

1 **The storm knocked down the trees.**

➲「台風が収まる」は die down を使う。

2 **His clothes were stained with blood.**

➲ stain は名詞として、Stain won't come out.（シミが取れない）のように使う。

3 **Do not smoke lying on the bed, or the futon may catch fire.**

➲「煙草に火を点ける」は light (up) a cigarette、「家に火を点ける」は set the house on fire 。

4 **The robber snatched her bag out of her hands.**

➲「ひったくり」は purse snatcher。

5 **I have had my pocket picked.**

➲「万引きする」は shoplift。

6 **The boy stumbled on a stone.**

➲ over もOKで、「ごろんと転ぶ」。類似表現に trip and fall「つまずいて転ぶ」がある。「土下座する」は kneel on the ground。

7 **The drunken man was staggering along on the platform.**

➲「酔っ払い」は drunken man<drunk<drunk man<drunkard の順に酩酊度が高くなる。

8 **He accidentally burned her jacket with his cigarette.**

➲「うっかりと」では、ほかに、carelessly が用いられる。

トラブル②

日常でよく起こる「事故」や「怪我」、「物の損傷」などに関する表現も重要なので、どんどん音読練習しましょう。

☐☐ 1 彼の袖がドアの取っ手に引っかかりました。 ➡ 動詞は catch を使う

☐☐ 2 私の時計は1日に3分遅れます。 ➡ 動詞は lose を使う

☐☐ 3 そのボールは誤って彼女の家の窓に当たり、ガラスにひびが入ってしまいました。 ➡ **crack the glass** ガラスにひびが入る

☐☐ 4 割れたガラスを踏まないようにしなさい。 ➡ **step on** 踏む

☐☐ 5 その非行少年たちは壁にスプレーで落書きしました。 ➡ **graffiti** 落書き

☐☐ 6 コピー機がまた紙詰(かみづ)まりしました。 ➡ **jammed** （コピー機などが）紙詰まりで

☐☐ 7 彼らは洪水の犠牲者のために募金しました。 ➡ **raise** （資金などを）募る、集める

☐☐ 8 その若い従業員は、これからはもっと注意すると謝って約束しました。 ➡ **promise to be careful** を使ってみよう

✔Check! とっさに使える基本動詞も覚えよう

wear のコンセプトは「**身に着けて、そしてすり減らす**」で、wear a mustache（口ひげを生やしている）、wear a perfume（香水をつけている）、wear a new suit to the office（新しいスーツを着て会社に行く）、The shoes have worn out.（靴が擦り切れた）などが重要。

1 **He caught his sleeve on the door knob.**
➡ ほかに get＋物＋過去分詞を用いて、get my pants caught on the nail（ズボンが釘に引っかかる）のようにも言える。

2 **My watch loses three minutes a day.**
➡ 逆に「進む」場合は gain を用いる。

3 **The ball accidentally hit her window and cracked the glass.**
➡ crack は「ひび割れを起こす」で、shatter, smash だと「粉々にする」

4 **Don't step on the broken glass.**
➡ step on sb's foot [a thumbtack]（人の足［押しピン］を踏む）のように使える重要表現。

5 **The juvenile delinquents sprayed graffiti on the wall.**
➡「壁に落書きを書く」は write graffiti on the wall、「落書きを消す」は remove graffiti from the wall。

6 **The copy machine got jammed again.**
➡「配水管が詰まる」は drainage pipe is clogged、「言葉に詰まる」は be stuck for words、「スケジュールが詰まる」は One's schedule is full。

7 **They raised money for flood victims.**
➡「資金集めキャンペーン」は fund-raising campaign。

8 **The young employee apologized and promised to be more careful in the future.**
➡「謝る」は apologize to（人）for（事柄）。前置詞に注意!

トラブル③

ここではさらに「謝罪」や、パソコンの「強制終了」など、トラブルが起こった後の処理に関する表現を覚えておきましょう。

- □□ 1 彼の父親は息子の行動に頭を下げて謝りました。 → **bow to apologize for ~** 頭を下げて~を謝る
- □□ 2 あの男の子は足に包帯をしたほうがよい。 → **have a bandage** を使う
- □□ 3 私のパソコンがフリーズするときはいつでも、それを強制終了させます。 → **force-quit** 強制終了する
- □□ 4 警察は事故についての報告書を読み、対策を講じることを決めました。 → **take action** 行動を起こす、対策を取る
- □□ 5 彼は配達の遅延によって生じた不便に対して謝罪しました。 → **apologize for the inconvenience** 不手際を謝る
- □□ 6 人身事故で電車が運転を見合わせています。 → **be suspended** 見合わせる
- □□ 7 兄弟が口(くち)げんかを始めました。 → **quarrel** 口げんかする
- □□ 8 あなたの上司があなたを探していました。彼の内線に電話したほうがいいですよ。 → **extension** （電話の）内線

✓Check! とっさに使える基本動詞も覚えよう

play のコンセプトは「**遊びとパフォーマンス**」で、play sick（仮病を使う）、play music（音楽をかける）、play the market（株をする）、play *Hamlet*（ハムレットを演じる）、play a trick on ～（～にいたずらをする）などを覚えておこう。

1 **His father bowed to apologize for his son's behavior.**

➡ offer [demand, accept] an apology（謝罪する［謝罪を要求する、謝罪を受け入れる］）なども覚えておこう。

2 **That boy should have a bandage on his leg.**

➡「包帯をする」は put a bandage on ～、apply a bandage to ～を用いる。

3 **Whenever my computer freezes, I force-quit it.**

➡「再起動する」は restart [reboot] を用いる。

4 **The police read the report on the accident and decided to take action.**

➡ ほかに take measures [steps]（対策を講じる）がある。

5 **He apologized for the inconvenience caused by the delay in delivery.**

➡ inconvenienceはI am sorry to have inconvenienced you.のように動詞としても使える。

6 **Train service is suspended because of the fatal accident.**

➡ suspendでは、be suspended from school（停学処分になる）も重要表現。

7 **The brothers began to quarrel with each other.**

➡「殴り合いのけんか」は fistfight。

8 **Your boss was looking for you. You should call his extension.**

➡ extension cord は「延長コード」。

Unit 13 環境

環境では、3R（reuse, reduce, recycle）など、環境保全の努力に関する表現が非常に重要なので、ぜひ音読練習によってマスターしましょう。

□□ 1 学生たちは人々に街をきれいにすることを促すチラシを配りました。 ➡ **clean up** を用いる

□□ 2 その若者は道路にごみを捨てました。 ➡ **throw** を用いる

□□ 3 その建物に降り注ぐ日差しはより高い建物によってさえぎられていました。 ➡ **sunshine** 日差し

□□ 4 彼女は紙を節約するため、用紙の裏に印刷しました。 ➡ **used sheet** 使用済みの紙、古紙

□□ 5 コピー機は節電モードになっています。 ➡ **power-saving mode** 節電モード

□□ 6 彼女は、その古いテレビのコンディションがまだよかったので、捨てたくありませんでした。 ➡ **in good condition** を使う

□□ 7 学生連合大会において、彼らは環境への意識を向上させる方法について議論しました。 ➡ **environmental awareness** 環境への意識

□□ 8 活動家たちは、運動を推進するための嘆願書への署名を通行人に求めました。 ➡ **sign a petition** 嘆願書に署名する

✔Check! とっさに使える基本動詞も覚えよう

flyのコンセプトは「**空中を速く移動する［させる］**」で、fly to New York（飛行機でニューヨークに行く）、fly an airplane（飛行機を操縦する）、The airplane flies 500 passengers.（この飛行機は500人の乗客を運ぶ）、fly in the wind（風になびく）などを覚えておこう。

29

1 **The students handed out leaflets that encourage people to clean up the city.**
➲ encourage 人 to 動詞のパターンで、ほかにpush、driveも使える。

2 **The young man threw trash on the street.**
➲ litter the streetとも言う。「ごみを拾う」はpick up the trash

3 **The sunshine falling on the building was blocked off by the taller building.**
➲ Traffic is blocked in both directions.（双方向とも通行止め）も覚えよう。

4 **She printed on the back of used sheets to save paper.**
➲ 環境を守る3Rの1つであるreuseの例

5 **The copy machine is in a power-saving mode.**
➲「省エネ機器」はenergy-saving device。

6 **She didn't want to throw the old TV away because it was still in good condition.**
➲「ごみを捨てる」はthrow away [dump] garbage [trash]。

7 **At the students' association meeting, they discussed ways to raise environmental awareness.**
➲ raiseはpromote、heighten、enhanceでもOK。

8 **The campaigners asked passers-by to sign a petition to advance their cause.**
➲「理念を支持する」にはpromote [advocate, champion] the causeがある。

Unit 14 ビジネス～事務

ビジネス･事務では、「書類や机の整理」、また「ビジネス通信」などに関する状況表現が重要ですので、しっかり勉強しましょう。

□□ 1 彼女の机はいつも整頓されています。 → **neat** こぎれいな、きちんとした

□□ 2 彼はファイルを元の場所に戻しました。 → **put ~ back** ～を元の場所に戻す

□□ 3 私の弟は本に黄色の付箋（ふせん）を張りました。 → **Post-it** 付箋

□□ 4 彼女は重要な書類を手の届くところに置いておきました。 → **within reach** 手の届くところに

□□ 5 その秘書は文書の裏表を間違えてファックスしました。 → **the wrong side of ~** ～の裏側

□□ 6 書類が机に山積みです。 → **pile up** 積み重なる

□□ 7 上司は秘書に書類をホチキスでとじるように頼みました。 → **staple documents together** を使う

□□ 8 商品の担当者が問い合わせに回答します。 → **inquiry** 問い合わせ

✓Check! とっさに使える基本動詞も覚えよう

spread のコンセプトは「**広げる**」で、spread a blanket（毛布を広げる）、spread a rumor（うわさを広める）、spread butter on the bread（トーストにバターを塗る）、spread one's legs（足を広げる）などが重要。

1 **Her desk is always neat and clean.**
➡「机の上を整理する」は tidy up one's desk。

2 **He put the file back where it was.**
➡「元の所に戻す」は put it back where it belongs も重要。

3 **My brother put a yellow Post-it in the book.**
➡ put a sticky at ~とも言う。Post-it はブランド名なので大文字で始める。

4 **She kept important documents within reach.**
➡「~の手の届かないところに置く」なら put ~ out of one's reach。

5 **The secretary accidentally faxed the wrong side of a document.**
➡「紙の表側」は the upper [right] side of the paper で、「裏側」は the lower [back, wrong] side of the paper と言う。

6 **I have papers piled up on the desk.**
➡「山積みされた衣類［石］」は a pile of clothes [stones]。

7 **The boss asked his secretary to staple the documents together.**
➡「シャツのボタンを留める」は button up one's shirt。

8 **The person in charge of the products will answer inquiries.**
➡「責任者」も「担当者」も、英語では a person in charge。

Unit 15 ビジネス～雇用

ビジネス・雇用では、「就活」から「企業による採用」や「派遣会社への登録」など、雇用に関する多くの表現が重要なのでマスターしましょう。

□□ 1 私は今日、その会社から内定通知を受け取りました。 ➡ **unofficial job offer** 内定通知

□□ 2 私たちは、応募者を選考し、選ばれた人に連絡致します。 ➡ **screen** 選別する

□□ 3 今、購読を更新していただいたお客様には、景品を差し上げております。 ➡ **renew your subscription** 購読を更新する

□□ 4 私の姉はコネで就職しました。 ➡ **personal connections** コネ

□□ 5 私は本採用になりました。 ➡ **regular employment** 正規採用、正規雇用

□□ 6 彼女は派遣会社に登録しました。 ➡ **temporary-employment agency** 派遣会社

□□ 7 彼は退職後、嘱託で会社に残り、働き続けました。 ➡ 嘱託従業員 **temporary worker**

□□ 8 その母親は赤ん坊が生まれた後、フレックスタイムで働き始めました。 ➡ **work flextime** フレックス制で働く

✓Check! とっさに使える基本動詞も覚えよう

save のコンセプトは「**救う・取っておく**」で、save energy（省エネする）、save my voice for the concert（コンサートのために声を大切にする）、save it for a special occasion（特別に取っておく）、It saved me the trouble of going shopping.（買い物に行く手間が省けた）のように使える。

1 **I received a notice of an unofficial job offer from the company today.**

➡「不採用通知を受け取る」は receive a rejection letter。

2 **We will screen the applicants and contact those who will be selected.**

➡「審査基準」は screening criteria。

3 **If you renew your subscription now, we will offer you a free gift.**

➡ solicit subscriptions は「定期購読の勧誘をする」。

4 **My sister got a job through personal connections.**

➡「コネで」はほかに because she knows somebody in the company でも表現できる。

5 **I have come into regular employment.**

➡「仮採用になる」は be hired on a trial basis。

6 **She has signed up with a temporary-employment agency.**

➡「派遣の契約を更新する」は renew a temporary work contract。

7 **He continued to work as a temporary worker after retirement.**

➡「契約社員」は contract worker。

8 **The mother started to work flextime after she had a baby.**

➡「母親が働きやすい職場を作る」は create a mother-friendly workplace。

Unit 16 ビジネス〜会議①

ビジネス・会議では、「会議のセッティング」から「資料準備」、「会議の司会進行」などに関する表現が重要です。

□□ 1 試作品を私たちに見せてください。 ➡ **a trial product** 試作品

□□ 2 彼が会議の司会を務めます。 ➡ 「司会を務める」には **chair** を使ってみよう

□□ 3 出席者の数を数えてください。 ➡ **attendee** 出席者

□□ 4 私は会議の日時と場所を決めました。 ➡ **set the date and place** で表現しよう

□□ 5 会議を明日の午後３時に変更しましょう。 ➡ 動詞は **reschedule** を用いる

□□ 6 私たちはその話題について討議するために会議を設定しました。 ➡ **set up a meeting** 会議を設定する

□□ 7 そのプロジェクトチームは、まもなく企画会議を開く予定です。 ➡ 動詞は **hold** を使う

□□ 8 挙手(きょしゅ)で決定しましょう。 ➡ **show of hands** 挙手

✔Check! とっさに使える基本動詞も覚えよう

let のコンセプトは「**自由に行動させる**」で、Don't let it happen again!（そんなことは二度と起こすなよ！）、let nature take its course（成り行きに任せる）、let me go（放して）、let him down（彼を失望させる）、let fresh air [light] in（新鮮な空気［光］を入れる）などが重要。

1 **Please show us the trial product [model].**

➡「試作段階で」は at the experimental stage。

2 **He is going to chair the meeting.**

➡「司会者」は toastmaster（宴会の）、master of ceremony [emcee]（結婚披露宴など）、moderator（討論会など）がある。

3 **Please count the number of the attendees.**

➡「出席者」には attendant、attendee の2つがあり、後者のほうが固いが、意味は明確になる。

4 **I set the date and place for the meeting.**

➡「日取りを決める」は decide on<determine<fix<set の順によく用いられる。

5 **Let's reschedule the meeting for 3 p.m. tomorrow.**

➡ schedule the meeting for ～は「会議を～に予定する」。

6 **We set up a meeting to discuss the topic.**

➡ arrange a meeting でもよい。ほかに call a meeting（会議を招集する）もある。

7 **The project team is going to hold a planning meeting soon.**

➡「オリンピックを開く」は host the Olympics。

8 **Let's decide by a show of hands.**

➡「多数決で決める」は take a vote。

ビジネス～会議②

ビジネス・会議では、重役会議、商品開発会議、マーケティング会議など、「会議の内容」に関する様々な表現が出てきます。

□□ 1 彼女はなんとか質疑応答をうまくこなしました。 ➡ **question-and-answer session** 質疑応答

□□ 2 取締役会議で、代表取締役はほかの重役たちと経費削減の方法を議論しました。 ➡ **cut costs** 経費を減らす

□□ 3 企画を通すために最善を尽くします。 ➡ **get one's plan approved** 企画を通す

□□ 4 今日の会議の議事録を取ってください。 ➡ **take the minutes** 議事録を書く

□□ 5 私は資料を作成して配付しなければなりません。 ➡ **distribute** 配付する

□□ 6 私たちはリーダーを多数決で決めました。 ➡ **majority vote** 過半数の票、多数決

□□ 7 その販売員は商品の魅力をアピールしました。 ➡ **the attractive points of ~** ～の魅力

□□ 8 彼は問題をどのように解決するかということについて話し合いを主導しました。 ➡ **lead a discussion** 議論を仕切る

✔Check! とっさに使える基本動詞も覚えよう

check のコンセプトは **「調べて規制する」** で、check the schedule（予定を確認する）、check one's baggage（手荷物を預ける）、check on her（彼女が大丈夫かどうか見てくる）、check out a book from the library（図書館で本を借りる）などを覚えておこう。

1 **She managed to handle the question-and-answer session.**

➡ follow-up question（関連質問）も覚えておこう。

2 **At an executives' meeting, the president discussed ways to cut costs with the other executives.**

➡ CEO（社長）とは chief executive officer の頭文字語。

3 **I'll try my best to get my plan approved.**

➡「企画書」は、通る前は (project) proposal で、通ると正式に project になる。

4 **Take the minutes of today's meeting, please.**

➡「議題」は (items on the) agenda。

5 **I have to prepare the materials and distribute the copies.**

➡「配付する」は pass [give] out とも言う。

6 **We decided on our leader by majority vote.**

➡「多数決を取る」は take a vote とも言う。

7 **The salesperson emphasized the attractive points of the product.**

➡「アピールする」は、ほかに play up（吹聴する）もある。

8 **He led the discussion on how to solve the problem.**

➡ facilitate a discussion「討論の進行役を務める」も覚えておこう。

Unit 17 ビジネス～マーケティング①

ビジネス・マーケティングでは、「アンケート調査」から「見本市」、「在庫処分セール」、「他国への市場進出」にいたる表現まで多岐にわたり出題されます。

□□ 1 その芸術家は展示スペースを借りました。 ➡ **exhibition space** 展示スペース

□□ 2 その自動車メーカーはインド市場に参入することを計画しています。 ➡ **enter the market** 市場に参入する

□□ 3 彼は関東エリアを担当しています。 ➡ 動詞は **cover** を使う

□□ 4 政府は公共事業に国家予算の５%を割り当てました。 ➡ **allocate the budget** 予算を配分する

□□ 5 明日から店内全品、在庫一掃セールを行います！ ➡ **clearance sale** 在庫一掃セール

□□ 6 我々は自社製品を競合製品と差別化するように努力しています。 ➡ 動詞は **differentiate** を使う

□□ 7 商品がテレビ番組で取り上げられることは売り上げを伸ばすための最良の方法のひとつです。 ➡ **have a product featured in a TV show** で表現する

□□ 8 その会社は新製品についてのアンケート調査を行いました。 ➡ **questionnaire** を使う

✔Check! とっさに使える基本動詞も覚えよう

hold のコンセプトは **「しっかり持って支える」** で、hold one's breath（息を殺す）、hold the line（電話を切らずに待つ）、hold one's tongue（黙っている）、hold one's liquor（酒に強い）、hold them responsible（彼らに責任を取らせる）などがある。

34

1 **The artist rented an exhibition space.**
➡ exhibition hall [booth, center, building, match]（展示場［ブース，センター，博覧会場，オープン戦］）とフレーズが多い。rent out は「貸し出す」。

2 **The automaker is planning to enter the Indian market.**
➡「市場から撤退する」は withdraw from the market。

3 **He covers the Kanto area.**
➡ cover には多くの用法があり、cover the deficit（赤字を埋める）、cover the war [story]（戦争［事件］を取材する）のように使える。

4 **The government allocated 5% of its national budget for public works.**
➡ このほか allow 時間・金 for ～（～に時間・金を見ておく）も重要。

5 **We will have a clearance sale on all items in the store from tomorrow!**
➡ take inventory は「棚卸する」。

6 **We are trying to differentiate our products from competing products.**
➡ differentiate between A and B [A from B] は「AとBを区別する」。

7 **One of the best ways to boost the sales is having your product featured in a TV show.**
➡ feature story は「特集記事」。

8 **The company conducted a questionnaire survey on their new product.**
➡「アンケートに答える」は answer [respond to] a survey [questionnaire]。

第2章 短文練習

ビジネス～マーケティング②

ビジネス・マーケティングではさらに、商品に問題があった場合の問題解決に関する表現まで扱っています。重要なものが多いので、ぜひ覚えてください。

□□ 1 商品の在庫があるかどうかをお聞きしたいのですが。 ➡ **have a product in stock** 商品を在庫している

□□ 2 その自動車メーカーはその車の生産を一時中止しました。 ➡ **suspend production** 生産を一時停止する

□□ 3 その小規模の銀行は一人一人に合わせたサービスを提供しています。 ➡ **personalized service** 一人一人に合わせたサービス

□□ 4 その製品は市場で優位を占めています。 ➡ 動詞は **dominate** を使う

□□ 5 その店員は期限切れの商品を取り除きました。 ➡ **expiration dates** 賞味期限

□□ 6 その製造業者はその製品を自主回収しました。 ➡ **recall ~** ～を回収する

□□ 7 国際見本市が大阪で開かれています。 ➡ **trade fair** 見本市

□□ 8 営業担当者は表の列のいちばん下に小計を記入しました。 ➡ **write the subtotal** 小計を記入する

✓Check! とっさに使える基本動詞も覚えよう

keep のコンセプトは **「あるもの（状態）をある期間そのままに保っておく」** で、keep a schedule（予定を守る）、keep the law（法律を守る）、This watch keeps good time.（この時計は正確だ）、keep the garden（庭の手入れをする）などが重要。

1 **I'd like to ask you if you have a product in stock.**
➡「在庫がある」は in stock、「在庫切れ」は out of stock。

2 **The automaker suspended the production of the vehicle.**
➡ suspend は suspend the operation [trading, activities]（操業［取引・活動］を一時中止する）のように使える。

3 **The small bank offers personalized service.**
➡ personalized gift は「相手の名前入りの贈り物」。

4 **That product dominates the market.**
➡ dominate the headline（ヘッドラインを独占する）、dominate the Internet（インターネットの中心となる）のように使える。

5 **The salesclerk removed products past their expiration dates.**
➡「賞味期限」は use-by [best-before] date とも言う。

6 **The manufacturer voluntarily recalled the product.**
➡「自主的に」は voluntarily、independently、on one's own will。

7 **The international trade fair is being held in Osaka.**
➡「受け身の進行形」を用いる。

8 **The salesperson wrote the subtotal at the bottom of the column.**
➡ add up a column of figures は「縦に並んだ数字を加算する」。

Unit 18 ビジネス～労働①

ビジネス･労働では、「出勤」「出張」から「退職」「在宅勤務」にいたるまで様々な表現を覚えていきましょう。

□□ 1 その雇用者は支店長室に呼ばれました。 ➡ **call ～ into ...** ～を…に来るように呼ぶ

□□ 2 我々は仕事の能率を上げる必要があります。 ➡ **efficiently** を用いる

□□ 3 今日は仕事がはかどりました。 ➡ **a productive day** 充実した一日

□□ 4 その労働者は外国への昇進を打診されました。 ➡ **offer ～ a promotion** ～に昇進を打診する

□□ 5 その一人親の人は在宅勤務を希望しています。 ➡ **work from home** 在宅勤務する

□□ 6 その申し出を受けるかどうかをその女性は月曜日までに決めなければなりませんでした。 ➡ **accept the offer** を用いる

□□ 7 私の妻は１泊の出張に行きました。 ➡ **overnight business trip** を使う

□□ 8 彼の祖父は社長を退任しました。 ➡ 動詞は **resign** を使う

✔Check! とっさに使える基本動詞も覚えよう

carry のコンセプトは「**何かを持って運ぶ**」で、carry men's clothes（紳士服を置いている）、carry a disease（病気を伝染させる）、The loan carries 1.5% interest.（そのローンには1.5%の金利が付く）、I can't carry a tune.（私は音痴だ）などがある。

1 **The worker was called into the branch manager's office.**
➡ general manager は「総支配人・本部長」。

2 **We need to work more efficiently.**
➡ efficient management [operation, control, design, work] のように幅広く使える。

3 **I had a productive day today.**
➡ make progress in ~（~がはかどる）も重要。

4 **The worker was offered a promotion overseas.**
➡「栄転」は promotion transfer、「左遷」は demotion transfer。

5 **The single parent wants to work from home.**
➡ work from home は telecommute（通信技術を利用）とも言う。

6 **The woman had to decide whether or not to accept the offer by Monday.**
➡ whether she should accept the offer or not としても同じ意味。

7 **My wife went on an overnight business trip.**
➡ out of town on business は「出張中」。

8 **His grandfather resigned as president.**
➡ resign from one's post [position]（職を辞職する）も重要。

ビジネス～労働②

ビジネス・労働では、さらに「仕事の進行と能率改善」「プロジェクトの進行具合」などに関する表現が重要になってきます。

□□ 1 その男性は彼の店の外の落葉を掃(は)いていました。 ➡ **sweep up** 掃き掃除をする

□□ 2 プロジェクトは予定より１ヵ月遅れていました。 ➡ **behind schedule** で表現しよう

□□ 3 田中氏はいつも営業成績がよい。 ➡ **sales performance** を用いる

□□ 4 彼らは工場の操業再開に向けて奔走しました。 ➡ **resume the operation** 操業を再開する

□□ 5 私は終電に乗り遅れたので、会社に泊まりました。 ➡ **stay the night** 泊まる

□□ 6 私の父は勤続25年で表彰されました。 ➡ 動詞は **honor** を使う

□□ 7 彼はタイムカードを押して、時間通り６時に帰りました。 ➡ **punch one's timecard** タイムカードを押す

□□ 8 この工場の工員たちは毎日退社時にタイムカードを押します。 ➡ **clock out** 退社時にタイムカードを押す

✔Check! とっさに使える基本動詞も覚えよう

suffer のコンセプトは「**悪いことを被(こうむ)る**」で、suffer a big [complete] loss（大損をする）、suffer a deficit（赤字を出す）、suffer serious damage [injuries]（深刻な被害［損傷］を受ける）、Your score will suffer.（成績が悪くなるだろう）などを覚えておこう。

1 **The man was sweeping up fallen leaves outside his store.**

➡ sweep the floor clean は「床のふき掃除をする」。

2 **The project was one month behind schedule.**

➡ one month ahead of schedule「予定より1か月早く」

3 **Mr. Tanaka always has good sales performance.**

➡「営業成績が悪い」は have poor sales performance。

4 **They worked hard to resume the operation of the factory.**

➡ resumeはresume the negotiation [dialogue, debate]のように幅広く使える。

5 **I stayed the night at my company because I missed the last train.**

➡「～に泊まる」は stay overnight at ～とも言う。

6 **My father was honored for 25 years of service to the company.**

➡ be honored to be invited to～（～に招かれて光栄だ）のようにも使える。

7 **He punched his timecard and left punctually at 6 o'clock.**

➡「時間通りに」には、ほかに right on time [schedule] がある。

8 **The workers in this factory clock out every day.**

➡ このほか、punch out とも言う。

ビジネス～労働③

ここでは、ビジネス・労働②をさらに掘り下げ、仕事の進行を改善するための方法や、締切に間に合わない場合の対処法に関する表現を学習します。

□□ 1 かつて私は飛び込み営業を試みましたが、失敗に終わりました。 ➡ **try door-to-door sales** 飛び込み営業をする

□□ 2 がっかりしたことに、私はプロジェクトから外されました。 ➡ **take off** を使う

□□ 3 彼は3日続けて深夜残業をしました。 ➡ **overtime till late at night** 深夜残業

□□ 4 彼の3年間の転勤はまもなく終わり、本社に帰ってくるでしょう。 ➡ **transfer** を用いる

□□ 5 我々は予定を守る必要があります。 ➡ **keep a schedule** 予定を守る

□□ 6 私は予定の遅れを取り戻そうと努力しました。 ➡ **on schedule** 予定通りに

□□ 7 私は締切に間に合わせなくてはなりません。 ➡ **meet the deadline** 締切に間に合わせる

□□ 8 彼は締切を来週の月曜日に延ばしてくれるように先方に頼みました。 ➡ **extend the deadline until** 締切を～まで延期する

✓Check! とっさに使える基本動詞も覚えよう

serve のコンセプトは **「必要・目的に応じて何かを供給する」** で、serve five people（5人を賄う）、serve many purposes [functions]（多くの目的［機能］を果たす）、serve a chairperson（議長を務める）、serve five years in the army（5年間兵役に就く）のように用いる。

1 **Once I tried door-to-door sales, but it failed.**

➡「営業部員として仕事をする」は work as a sales representative。

2 **To my disappointment, I was taken off the project.**

➡「プロジェクトに参加する」は take part in [participate in] a project。

3 **He worked overtime till late at night for three days in a row.**

➡ limit overtime to 20 hours a week「残業を週20時間に制限する」

4 **His three-year transfer will be soon over, and he will be moving back to headquarters soon.**

5 **We need to keep a schedule.**

➡ meet the tight schedule「きつい予定をこなす」、schedule A for B「AをBに予定する」、reschedule A for B「AをBに予定変更する」

6 **I tried to get myself back on schedule.**

➡ move up the schedule は「スケジュールを前倒しする」。

7 **I have to meet the deadline.**

➡ miss the deadline「締切に遅れる」、face the deadline「期日が目前に迫る」なども覚えておこう!

8 **He asked the other company to extend the deadline until next Monday.**

➡ The deadline is one week away.「期限は1週間後です」なども覚えておこう!

ビジネス～労働④

とにかく非常に重要表現が多いのが、このビジネス・労働のカテゴリーですが、英会話や二次試験で運用できるように練習を重ねてください。

□□ 1 私の部下はとても優秀なので、安心して仕事を任せています。 ➡ **trust ~ to do** 安心して~するのを任せる

□□ 2 私はキャリアアップのために資格を利用するつもりです。 ➡ **advance one's career** 出世する、キャリアを積む

□□ 3 彼は急に残業を命じられました。 ➡ **work overtime** を使う

□□ 4 会社の方針は顧客と直接やりとりをすることです。 ➡ **in person** 直に、直接

□□ 5 雇用主はすべての新入社員に対して新人オリエンテーションを行うことに同意しました。 ➡ **conduct an orientation** オリエンテーションを行う

□□ 6 私の母はすべき事を忘れないように、やることリストをときどき作ります。 ➡ **a to-do list** することのリスト

□□ 7 その新入社員はいつも定時に退社します。 ➡ **leave work** 退社する

□□ 8 その労働者は上司に休暇を取る許可を願い出ました。 ➡ **take some time off** 休暇を取る

✓Check! とっさに使える基本動詞も覚えよう

settle のコンセプトは「**解決・確定させる**」で、settle the account [debt]（勘定［負債］を決済する）、settle the conflict [dispute]（紛争を解決する）、settle the differences（違いを解決する）、settle down and raise a family（結婚して家庭を持つ）などを覚えておこう。

1 **Because my staff are very efficient, I trust them to do the jobs.**
➡「任せる」は、このほかにも leave 事 to 人、put 人 in charge of 事、trust 人 with 物（人に安心して物を預ける）などが重要。

2 **I'm going to use my qualifications to advance my career.**
➡「出世する」は climb up the ladder of success。

3 **He was ordered to work overtime without prior notice.**
➡「サービス残業をする」は work unpaid overtime、work off the clock などと言う。

4 **The company's policy is to interact with each customer in person.**
➡ interact with ～は「やりとりする」。

5 **The employer agreed to conduct an orientation for all new employees.**
➡ get on-the-job training は「研修を受ける」。

6 **My mother sometimes creates a to-do list not to forget what to do.**
➡ add it to my to-do list（それを私の作業リストに追加する）も覚えておこう!

7 **The new worker always leaves work on time.**
➡ on time（予定の時刻に）は in time（時間内に）とは異なる。

8 **The worker asked his boss for permission to take some time off.**
➡ ask 人 forを用いて ask him for a pay raise（昇給を彼にお願いする）のように使える。

Unit 19 社交

社交では、「親睦会」「忘年会」から「送別会」「花見」「コンペ」「結婚式」「葬式」にいたる様々な行事に関する表現をマスターしましょう。

□□ 1 彼女は新入社員のために、親睦会の手配をしました。 ➡ get-acquainted gathering 親睦会

□□ 2 私は今週末、送別会の幹事をする予定です。 ➡ take charge of a party パーティーの幹事を引き受ける

□□ 3 バーのホステスは彼にビールをお酌(しゃく)しました。 ➡ pour him a beer ビールをお酌する

□□ 4 私は忘年会の司会をするつもりです。 ➡ MC ~ ~の司会をする

□□ 5 すべての職員はその花見に参加することができます。 ➡ cherry-blossom-viewing party 花見

□□ 6 彼はゴルフの社内コンペに出ました。 ➡ 動詞は enter を使う

□□ 7 私は部下の結婚式で祝辞を述べました。 ➡ congratulatory speech 祝辞

□□ 8 その家族にお悔やみを申し上げます。 ➡ condolence を使う

✔Check! とっさに使える基本動詞も覚えよう

prepare のコンセプトは「**準備する**」で、prepare a report（報告書を作る）、prepare dinner（夕食を作る）、prepare for dinner（夕食の準備をする）、prepare oneself for trouble（トラブルの覚悟をする）、prepare her for her career（彼女に就職の準備をさせる）などが重要。

1 **She arranged a get-acquainted gathering for new employees.**

➡ organize a get-acquainted meeting とも言う。

2 **I'm going to take charge of the farewell party this weekend.**

➡「幹事をする」は make an arrangement for でも表現できる。

3 **The bar hostess poured him a beer.**

➡ ほかに pour beer for ～（～にビールをつぐ）、pour beer into his glass（グラスにビールを注ぐ）の表現もある。

4 **I will MC the end-of-the-year party.**

➡ act as the master of ceremonies とも言う。

5 **All of the staff members can go to the cherry-blossom-viewing party.**

➡「月見をする」は have a moon-viewing party。

6 **He entered the company golf competition.**

➡「トーナメントで優勝する」は win a tournament。

7 **I made a congratulatory speech at my staff member's wedding.**

➡ give ～ a bouquet of flowers at the ceremony「式典で～に花束を渡す」

8 **We will offer our condolences to the family.**

➡「お悔やみを述べる」は give [offer, express] one's condolence。

Unit 20 基本動詞

基本動詞には会話に重要なものがたくさんありますが、work, run, see, fly など、重要なものを挙げておきました。

□□ 1 私の答えが合っているかどうか、あなたに確かめていただきたいのです。 ➡ see を使う

□□ 2 旗(はた)が風にひるがえっています。 ➡ fly 風になびく

□□ 3 彼女は肩の雪を振り落としました。 ➡ shake 振り落す

□□ 4 この本は4頁(ページ)抜けています。 ➡ miss 欠いている

□□ 5 このおもちゃは電池で動きます。 ➡ run 動く、作動する

□□ 6 あなたは彼の親切に報いるべきです。 ➡ return 報いる

□□ 7 この方法は実に効果的です。 ➡ work 効く、うまくいく

□□ 8 私はポスターを画鋲(がびょう)で壁に貼りました。 ➡ pin up ピンで留める

✔Check! とっさに使える基本動詞も覚えよう

cover のコンセプトは「**覆う**」で、cover her face（顔を隠す）、survey covering 10 schools（10の学校にわたる調査）、cover the costs（費用を賄う）、cover the incident（その事件を報道する）、be covered by health insurance（健康保険で払ってもらう）のように使う。

41

1 **I'd like you to see if my answer is correct.**
➲ check and see とも言う。see は、このほかに「付き合う・経験する・予測する」などの意味がある。

2 **The flag is flying in the wind.**
➲ fly は、このほかに fly an airplane（飛行機を操縦する）、fly to Tokyo（東京に飛行機で行く）などの用法がある。

3 **She shook the snow from her shoulders.**
➲ shake は、このほか shake the confidence [foundation]（自信［基盤］を揺るがす）の用法が重要。

4 **This book is missing four pages.**
➲ miss は、このほか miss the target（的を外す）、miss my pen（ペンがないのに気づく）、miss an umbrella（傘がなくて困る）のように使える。

5 **This toy runs on batteries.**
➲ run は、このほかに run an ad（広告を出す）、run a red light（赤信号を無視する）、run for the Presidency（大統領に立候補する）と用法が多い。

6 **You should return his kindness.**
➲ return his call（折り返し電話をする）、return evil for good（恩をあだで返す）などの用法がある。

7 **This method really works.**
➲ work は、このほか work wonders [miracles]（奇跡を起こす）、work one's way through college（苦学して大学を卒業する）などの用法がある。

8 **I pinned up a poster on the wall.**
➲ put a poster on the wall with thumbtacks とも表現できる。

コラム

二次試験体験談とアドバイス

「ナレーションが15点中12点で、質問に対する答えの得点が20点中13点で、アティチュードが3点中1点の計26点で、合格しました。3週間の対策勉強の割には、ナレーションは予想点が10点だったのに12点もあったのがよかったです。質問は2点4点4点2点の予想12点に近い13点でした」

これは英会話経験がないある生徒が2週間のトレーニングによって合格した体験談ですが、準1級の二次試験ではほとんどの受験者が、ストーリーのナレーションが10〜12点、Q&Aのスコアがすべて2〜3点くらいと言われており、そうすると、そこまでの合計点が38点満点で18点から24点のレンジになります。

不合格者に多いパターンは、ナレーションが10点しか取れず、Q&Aのむずかしい2〜3問は口ごもってしまい、Q&Aが9〜10点になり、アティチュードが1点で、合格点22点に1〜2点足りなくなるケースです。そのため、合格するには「アティチュード」のスコアが非常に重要と言われており、そのスコアをUPさせるためには、面接委員に向かってハキハキと、元気よく、積極的に英語を話す必要があります。

皆さん、そのことに気をつけてふだんから「音読」や「アイコンタクト」の練習に励みましょう。

第3章

模擬テスト 12回分

42 → 101

短文練習で英語のスピーキングに慣れてきたら、さっそく12回分の実践問題に取り組んでみましょう。
受験者自身の意見を問う質問（No. 4）に話題導入文が追加（2024 年第 1 回試験より）により、受験生にはより長い質問文を一発で聞き取るリスニング力が求められるようになりました。
日頃から自分の意見を的確に述べる練習をすると同時に、国内外の英語ニュースを視聴するなどしてリスニング力 UP に努めましょう！

Exercise 1

You have **one minute** to prepare.

This is a story about a couple who expected too much from their daughter.

You have **two minutes** to narrate the story.

Your story should begin with the following sentence:

One day, a couple was at home, arguing over after-school lessons for their daughter with her.

Questions

No.1 ▸ Please look at the fourth picture. If you were the father, what would you be thinking?

No.2 ▸ Should parents discuss important family decisions with their children?

No.3 ▸ Do parents today expect too much from their children?

No.4 ▸ Today the problems with teenagers' behaviors in public often become a topic for discussion. Do you think that parents today need to be stricter with their children?

モデル・ナレーション 42

1

One day, a couple was at home, arguing over after-school lessons for their daughter with her. Her father wanted his daughter to take tennis lessons, while her mother insisted on her taking violin lessons.

訳 ある日、夫婦が家で娘の放課後のお稽古事について話し合っていました。父親は娘にテニスを習ってほしかったのですが、母親はバイオリンレッスンを取るように言い張りました。

攻略法 1コマ目でカバーすべきポイントの「娘の習い事に関する父母の意見の対立」を、接続詞 while を使って表現しています。準1級のナレーションではlogical connection（論理的な話の結びつき）が問われますので、【コントラスト】を示すつなぎ言葉の but, however（しかし）、in contrast（対照的に）、(but) on the other hand（ところが一方）、while, meanwhile（その一方で）などを使った文章展開に慣れておくことが重要です。

insist on + 人 + doing（人が～するよう言い張る）も重要です。

2

The daughter couldn't decide which lessons to take, so she said that she would take both of them. Then, the parents looked satisfied with her decision.

訳 娘はどちらを選ぶかを決められなかったので、両方とも習うと言いました。その決心に、両親は満足げでした。

攻略法 2つのカバーすべきポイントである「娘の返答」と「夫婦の満足」を、「その時」と「それゆえ」の双方の意味を持つつなぎ言葉 then を用いてまとめています。そのほかにも、このようなナレーションで使える「結果」を表す重要なつなぎ言葉に、as a result（結果として）、少し硬いですが therefore（ゆえに）などがありますので、使えるようにしておきましょう。下線部は必須事項ではなく、たとえば The daughter had interest in them both（娘は双方に興味を持った）などのバリエーションも考えられます。

なお、which lessons to take は which lessons she should take と表現することもできます。

3 **One month later, she was taking a violin lesson after school. Next to her was her mother happily watching her playing the violin, dreaming of her daughter winning the first prize at the international violin competition.**

訳 1か月後、放課後に娘はバイオリンを習っていました。娘がバイオリンを弾いているのを隣で母親がうれしそうに見守っていました。母親は国際バイオリンコンクールで娘が優勝するのを夢見ていました。

攻略法「バイオリンレッスンを受ける娘」と「母の夢」の2つを表現することがポイントです。準1級ではコマ内に指定された**つなぎ言葉**（ここではOne month later）を使うことが必須です。第2文目ではNext to her was + Sという倒置構文が使われていますが、これにより文頭が強調され、前の文とのつながりがよくなり、リズム感が出ます。これがむずかしいと感じる場合はNext to her, her mother was happily watching .... のように普通の語順でもOKです。2文目のhappily watchingのような**人物の感情描写**もナレーションでは必須です。

4 **The next day, she was taken to a tennis school by her father, who was dreaming of his daughter winning the first prize at the tennis championships. He enjoyed watching her playing tennis, but actually the daughter was exhausted and stressed out, losing her motivation for both tennis and violin practice.**

訳 翌日、娘は父親に連れられてテニススクールに行きました。父親は娘がテニス選手権で優勝するのを夢見ていました。娘がテニスをプレイする姿を見て父親は喜んだのですが、娘は実は疲れ果てており、ストレスでテニスもバイオリンも練習のモチベーションがなくなっていました。

攻略法 2つの重要ポイント「テニスレッスン中の娘を見守る父の夢」と「娘の本意」をbut actuallyという表現を用いて描いています。マンガ上部の下線部、This is a story about a couple who expected too much from their daughter.（娘に過度な期待をする夫婦の話）から**マンガの全体像**を瞬時に把握しましょう。ここには「娘の本意」が「ストレスとモチベーション減退」であると見抜くヒントがあります。be exhausted（疲れ果てる）やlose one's motivation for（～に対するモチベーションを失う）も重要。

合格解答とポイント

No.1 ▶ Please look at the fourth picture. If you were the father, what would you be thinking?
（4番目の絵を見てください。あなたが父親だとしたら，何を考えているでしょうか）

合格解答

I'd be thinking, "I shouldn't have pushed my daughter to take both tennis lessons and violin lessons. She needs more time to relax after school. I am afraid that this busy schedule may undermine her health and motivation." **38 words**

ここを押さえて！

① **No.1** の解答の長さの基本は3文程度（35words 前後）が目安と覚えておきましょう。もちろん引き締まった英文で情報量が多い場合は、この限りではありません。

② I'd be thinking に続く文は直接話法でも間接話法でも構いませんが、失敗の少ない直接話法で練習してみましょう。「テニスとバイオリンの双方を習わせてしまった後悔の気持ち」、「多忙でやる気も健康も損なうのではという娘を心配する気持ち」を**合格解答**では表現しています。

③【後悔】を表す shouldn't have + 過去分詞（～するべきではなかったのに）や【心配】を表す I'm afraid that 主語 may ....（主語は…するかもしれない）は必須表現です。また、push + 人 + to do（人に～するように駆り立てる）や、undermine one's health（健康を損なう）も重要な表現ですので、使えるようになっておきましょう。

No.2▶ Should parents discuss important family decisions with their children?

（親は家族の重要事項の決断について子どもと話し合うべきでしょうか）

合格解答

Yes, I think so. Because I believe that children have the right to give their opinions about important family matters that affect the quality of their life and future. Moving, for example, has a tremendous influence on their friends and school life. Therefore, children should be a part of the decision-making process. **52 words**

ここを押さえて！

①「重要事項についての親子対話の必要性」を問う問題。

② **合格解答**のように「自分の生活の質や将来に影響を及ぼす重要な家族の問題に関しては、意見を言う権利がある」とし、「引っ越し」を例に挙げてサポートすると満点です。（満点解答を狙おう！）

③ よく犯してしまうのは、下線部の一般論がなく、いきなり3文目の例だけを述べるミスです。準1級ではlogical thinking（論理的思考）を試されていますので、Q&AではYes/Noを述べた後に、下線部のような**一般化・概念化したgeneralな理由**をまず述べ、それを**例を挙げてサポート（説明）**する必要があります。“affect the quality of their life and future”がなかったり、例証がなかったりする場合は3点の解答になります。

No.3▶ Do parents today expect too much from their children?

（今日の親は子どもに過度な期待を抱いているでしょうか）

合格解答

Yes, I think so, because more and more married couples only have one child, and they pressure their children to become successful in academic, athletic, and artistic performances. They push them to take piano or swimming lessons, and study at cram school. **40 words**

ここを押さえて!

① 「現代の両親は子どもへ過度な期待を寄せているか」 を問う質問。

② **合格解答**のように 「一人っ子が増えたため、 たいていの親は学業、スポーツ、芸術の分野でスキルをつけて成功するようにプレッシャーを与え、 お稽古事や塾に通わせる」 と答えると5点満点。「少子化の影響」 の部分のみ、または後半の 「お稽古事に通わせる親の多さ」 のみの場合は3点で不完全な解答です。 満点解答を狙おう!

③ pressure ＋ 人 ＋ to do （人に～するようプレッシャーを与える）、academic, athletic, and artistic performances （学業、スポーツ、芸術活動）、skill development （能力開発）、そのほかに develop artistic sensitivity （芸術的センスを磨く） などは必須表現なので、 使えるようにしておきましょう。

No.4 ▶ Today the problems with teenagers' behaviors in public often become a topic for discussion. Do you think that parents today need to be stricter with their children?

（今日、ティーンエージャーの公の場での振る舞いがしばしば話題になっています。今日の親は子どもにもっと厳しくする必要があると思いますか?）

合格解答

Yes, I think so. Parents should be stricter with their children for several reasons. One of the major reasons is that children today lack discipline and therefore have bad manners especially in public places. I think parents need to impose more strict discipline on those naughty children.

47 words

ここを押さえて!

① 「子どものしつけを親がもっと厳しくするべきか」を問う問題。

② 最初に【yes/noの立ち位置を表明】し、その後、下線部のように【結論】を述べ、"... for several reasons. One of the major reasons is ....（いくつかの理由があり、そのうちの主な理由のひとつは～）"という答え方のフォーマットを覚えておくと便利です。**合格解答**のように「規律を欠き（lack discipline）、とりわけ公の場でマナーが悪い（have bad manners, especially in public places）」とし、ゆえに「もっと厳しくしつけをする（impose more strict discipline on them）必要がある」のように論理的に展開すると5点満点になります。満点解答を狙おう!

③ ほかに、be impatient（我慢できずにいらいらする）、must discipline their children more strictly（子どもをもっと厳しくしつけなければならない）なども重要表現です。

(面接で役立つボキャブラリー) 趣味・スポーツ・イベント

オープン戦	exhibition game
観客	spectator
観覧席	bleachers
超満員客	capacity crowd
コンサート会場	concert venue
前売り券	advance ticket
当日券	walk-up ticket
ナイター	night game
予選	preliminary competition
決勝戦	final game
満塁ホームラン	grand slam
表彰台	winners' podium
チケット売り場	box office
開演時間	curtain [starting] time
劇場の休憩時間	intermission
大ヒット作	blockbuster hit
映画の試写会	movie preview
初演（初日）	premiere
映画化	film adaptation
先行予約	advance reservation
超満員客	capacity crowd
入場料	admission fee
月謝	monthly fee
延滞料	late fee

定期購読	subscription
会員料	membership fee
外食	dining out
遊園地	amusement park
テーマパーク	theme park
観覧車	Ferris Wheel
ジェットコースター	roller coaster
水族館	aquarium
屋台	food stall
お化け屋敷	haunted house
宴会場	banquet hall
同窓会	class [school] reunion
飲み会	drinking session
合コン	matchmaking party
ピアノ発表会	piano recital
法事	memorial service
宝くじ	lottery
ゴルフ練習場	driving range
陸上競技	track and field
景品	giveaway
キャンプ場	campsite
キャンプ用品	camping gear
カラオケボックス	karaoke booth
スキー場	ski resort
ペット用品	pet supplies

Exercise 2

You have **one minute** to prepare.

This is a story about a couple with a six-month-old baby.
You have **two minutes** to narrate the story.

Your story should begin with the following sentence:
One day, a couple were discussing at home which should take childcare leave.

Questions

No.1 ▶ Please look at the fourth picture. If you were the wife, what would you be thinking?

No.2 ▶ Do you think it is a good idea to introduce train carriages for women only?

No.3 ▶ Are men and women treated equally in the workplace these days?

No.4 ▶ Gender equality and empowerment have become more and more important for the past several decades. Do you consider yourself to be open-minded about gender roles?

モデル・ナレーション

1

One day, a couple were discussing at home which should take childcare leave. The husband said, "You said you had wanted to keep working even after childbirth. So I will take paternity leave and take care of our baby and housework."

訳 ある日、夫婦が育児休暇をどちらが取るかを家で話し合っていました。夫は「君は子どもが出来ても仕事を続けたいと言っていたね。だから、僕が育休を取って子育てと家事をするよ」と言いました。

攻略法 最初の指示文 This is a story about a couple with a six-month-old baby. から、「生後6か月の赤ん坊を持つ夫婦の話」とわかります。1コマ目は「夫の育休子育て宣言」の描写がポイントです。「出産後も働く」は work even after childbirth の代わりに、work even after having a baby でもOKです。

take care of one's baby and housework（子育てと家事をする）、take childcare [paternity] leave（育児休暇を取る）は最重要表現です。

2

His spouse appreciated his offer and said, "That makes me very happy! You can be a great help in my career advancement!"

訳 妻は夫の申し出をありがたく思い、言いました。「とてもうれしいわ。私がキャリアを進めるうえで、あなたの存在は大きな助けよ」。

攻略法「夫の申し出に喜ぶ妻」と「妻のキャリアに欠かせぬ夫の存在」の2点をうまくまとめるのがポイントです。ここで「嬉しさ」を表現するには，I'm very happy. よりも、That makes me very happy. として、【夫の申し出との因果関係】を出すほうがベターです。

appreciate one's offer（～の申し出をありがたく思う）、career advancement（出世）も重要です。

3 **A week later, the husband was seeing off his wife leaving for her office. She was worried about her baby with her husband and asked him whether he was really OK. The husband smiled and said, "No problem! Good luck on your work!"**

訳 1週間後、夫は仕事に行く妻を送り出していました。妻は夫と赤ちゃんが心配で、本当に大丈夫かと尋ねました。夫は笑って「平気だよ! 仕事がんばってね!」と言いました。

攻略法「妻を見送る夫」と「心配する妻」の描写がポイントです。まず、つなぎ言葉 A week later で始め、時の経過を明示しましょう。下線部の asked him whether he was really OK は、試験では said to him, "Are you really OK?" と直接話法で表現してもOKですが、間接話法をマスターするチャンスと思って、ぜひ練習していただきたいものです。

see off his wife（妻を見送る）は必須表現ですので、使えるようにしておきましょう。

4 **That night, she came back around eight from a hard day's work. Then she was shocked to find dinner burning and her husband struggling to handle the crying baby in the totally messed-up room.**

訳 その夜、妻は一日のきつい仕事を終えて、8時ごろに帰宅しました。すると、夕食は焦げつき、夫が散らかり放題の部屋で泣く赤ん坊の対応に四苦八苦しているのを見て、ショックを受けました。

攻略法「帰宅した妻の驚き」と「家事・育児に苦労する夫」をうまく表現できるかがポイントです。be shocked to find [see, hear] ...（～を見て［聞いて］ショックを受ける）はナレーションの定番の感情表現ですので、使えるようにしておきましょう。struggle to handle the crying baby（泣く赤ん坊の対応に四苦八苦する）は、have a hard time handling the crying baby と言い換えることもできます。

合格解答とポイント

No.1 ▶ Please look at the fourth picture. If you were the wife, what would you be thinking?
（4番目の絵を見てください。あなたが妻だとしたら、何を考えているでしょうか）

合格解答

I'd be thinking, "He seems to be at a loss and exhausted from taking care of our baby. He doesn't have what it takes to be a housekeeper. Is he really seriously thinking of becoming a househusband?"

37 words

ここを押さえて！

① **合格解答**では「子育てで途方に暮れ、疲れ果てている夫を見て、専業主夫としてやっていけるのだろうかが心配だ」と、【後悔】を表す shouldn't have + 過去分詞（～するべきではなかったのに）や【心配】を表す I'm afraid that S may ....（S は…するかもしれない）などの必須表現を用いてまとめています。

② He doesn't have what it takes to be a housekeeper.（主夫の器ではない）は He is not much of a housekeeper.（大した主夫ではない）や He is not good at housekeeping.（家事が苦手）、または He may have no potential in househusband.（専業主夫としてやっていける能力がないかも）などと言うこともできます。

③ seem to be at a loss（途方に暮れたようだ）も重要表現です。

No.2▶ Do you think it is a good idea to introduce train carriages for women only?
（女性専用車両を導入するのはよい考えだと思いますか）

合格解答

Yes, I think it's a very good idea. There are many reports of women who had their body touched by men on the train. Women-only carriages can protect women from those molesters and make them feel relaxed and safe while commuting. **41 words**

ここを押さえて！

①「女性専用車両導入はよいアイデアか」を問う問題。

② **合格解答**のように「①車中で痴漢にあった（had their body touched by men on the train）経験を持つ女性の報告は多い。②女性を痴漢から守り（protect women from those molesters）、安心して通勤・通学（feel relaxed and safe while commuting）できるために必要」のように答えると5点満点です。満点解答を狙おう!

③ ①だけだと賛成理由を述べていないため不合格、②のみの場合は核となる理由が述べられているので、3～4点の解答です。

Q

No.3▶ Are men and women treated equally in the workplace these days?
（近年、職場で男女は平等に扱われていると思いますか）

A

合格解答

No, I don't think so. The average salary of female workers is much lower than that of male workers for the same quality and amount of work. In addition, there are very few female managers and executives in most companies. **40 words**

ここを押さえて！

① 「職場で男女は対等に扱われているか」を問う質問。

② **合格解答**のようにNoとし、「同じ量と質の仕事をこなしても（for the same quality and amount of work）、女性の平均給与は男性よりずっと少ない（average salary of female workers is much lower than that of male workers）」、「たいていの企業内で女性の管理職はとても少ない（very few female managers and executives in most companies）」と2つのサポートを提示すると強いアーギュメント（tenable argument）になり、5点満点の解答になります。（満点解答を狙おう!）

③ なお、この質問はNoを選んだほうが圧倒的に強いサポートができて解答しやすいのですが、Yes/Noどちらのほうが強いアーギュメントになるかの見極めも、ふだんの練習時にしておくと、試験会場で焦らずにすみます。

No.4► Gender equality and empowerment have become more and more important for the past several decades. Do you consider yourself to be open-minded about gender roles?

（ジェンダーの平等とエンパワーメントはここ数十年ますます重要になってきています。性別による役割分担について自分は偏見がないと思いますか）

合格解答

Yes, I'm not biased about gender roles. I welcome the trend that men become househusbands who take care of their children and housework and their spouses support their family as bread-winners.

31 words

ここを押さえて！

①「自分は性別への偏見がないか」を問う問題。

② **合格解答**のように「男性が専業主夫（househusbands）となって子育てや家事を担当し、女性が一家の稼ぎ手となる（their spouses support their family as bread-winners）傾向を歓迎する」とするか、「engineering や computer science など以前は男性が独占していた分野（previously male-dominated fields）」での女性の活躍をすばらしいと思う」のように答えると5点満点です。**満点解答を狙おう!**

③ なお、Yes の後、質問の英文表現をそのまま引用するのではなく、合格解答のようにI'm not biased about gender roles.（性別の役割には偏見がない）のように**別の表現にパラフレーズ**すると、ワンランクアップの答えとなります。

面接で役立つボキャブラリー 雇用・労働

職務評価	job evaluation
育児休暇	childcare leave
産休	maternity leave
有給休暇	paid holiday
転勤	job transfer
求人広告	classified ad
求職者	job applicant
正社員	full-time worker
派遣社員	temporary worker
実地訓練	hands-on [on-the-job] training
適性テスト	aptitude test
在庫品	inventory
子会社	subsidiary company
関連会社	affiliated company
総支配人	general manager
平社員	rank and file
支店長	branch manager
販売員	sales representative
社長代理	acting president
部下	subordinate
上司	supervisor
管理職	administrative position
企業のリストラ	corporate restructuring
離職率	employee turnover rate

報酬制度	incentive program
人件費	labor [personnel] cost
賃金格差	income disparity
労働条件	working conditions
給与明細	pay slip
就職口	job opening
就職説明会	job convention
新卒者	new graduate
非採用通知	rejection letter
中途採用	mid-career recruiting
年功序列制	seniority system
能力給	performance-based pay system
サービス残業	unpaid overtime
福利厚生	benefits package
定年退職	mandatory retirement
終身雇用	lifetime employment
退職手当	retirement allowance
失業手当	unemployment allowance
役員の特典	executive perks
在宅勤務	telecommuting
事務員	office clerk
中小企業	small-and-medium-sized company

Exercise 3

You have **one minute** to prepare.

This is a story about a man who is a volunteer guide.
You have **two minutes** to narrate the story.

Your story should begin with the following sentence:
One day, a man went to a temple in Kyoto, where he met a foreign couple.

Questions

No.1▸ Please look at the third picture. If you were the man, what would you be thinking?

No.2▸ Do you think Japanese tourists are more likely to get into trouble than tourists from other countries? Why do you think so?

No.3▸ Should more be done to promote Japan to foreign tourists?

No.4▸ Today, there are many places with cultural and natural significance, but most of them are damaged by tourists. Should more places be recognized as World Heritage sites in order to preserve them?

モデル・ナレーション 

1 One day, a man went to a temple in Kyoto, where he met a foreign couple. When he saw them reading a guidebook to get some information about the temple, he went up to them and said that he was a volunteer guide and could show them around the temple if they liked. They were happy to hear that.

訳 ある日、男性が京都のお寺に行き、外国人カップルに出会いました。カップルはお寺の情報を得ようとガイドブックを読んでいたので、男性は近づいて、自分はボランティアガイドで、もしよければお寺を案内すると声をかけました。カップルはそれを聞いて喜びました。

攻略法 最初の指示文 This is a story about a man who is a volunteer guide. から、「ボランティアガイドの男性の話」とわかります。1コマ目では「ガイドブックを読む外国人カップルにガイドを申し出る男性」を描くのがポイントです。went up to ～ and said（～に近づいて言った）はナレーションで頻出の表現です。show ～ around the temple（～にお寺を案内する）などもすぐ使える運用表現にしておきましょう。

2 In the temple, they were so curious about the rock garden that they asked many difficult questions about it. But he couldn't answer many of their questions. It was so embarrassing for him.

訳 境内で、カップルは石庭について興味津々だったので、むずかしい質問をたくさん投げかけてきました。しかし、男性は多くの質問に答えることができず、とても恥ずかしい思いをしました。

攻略法「質問攻めにするカップル」と「答えられず恥ずかしい男性」の描写がポイントです。ナレーションでは各コマの冒頭で 5W1H のうち、「場所」や「時」を特に意識して述べるようにしましょう。ここでは冒頭をつなぎ言葉 In the temple で始め、「場所」の変化を明示します。be curious about ～（～について興味津々の）、It was so embarrassing for ～（～はとても恥ずかしい思いをした）、rock garden（石庭）などはいつでも使えるように練習しておきましょう。

第3章 模擬テスト

3 **Later that day, the man and the couple were drinking Japanese green tea outside the temple. The couple took out several books on Zen Buddhism and Japanese history from their bag. They said that they had been studying Japanese history for more than ten years. The man was very surprised to hear that.**

訳 同じ日ののちほど、寺の外で男性とカップルは日本茶を飲んでいました。カップルは鞄から禅や日本史の本を数冊取り出し、10年以上日本史を勉強してきたと述べました。男性はそれを聞いてとても驚きました。

攻略法「日本関係の本を見せ、日本史勉強歴を述べるカップル」に「びっくりする男性」という2つのポイントをうまくまとめる必要があります。つなぎ言葉 Later that day で初めに時の経過を明示しましょう。take out A from one's bag（A を鞄から取り出す）、said that they had been studying ... for X years（X 年～を勉強していますと言った）と過去完了形を使った間接話法は慣れないとむずかしいので、said, "we have been studying ..." と直接話法で表現しても OK です。The man was surprised to hear that という【驚きの表現】はナレーションの定番です。

4 **The next day, the man was browsing through many books on Japanese history and culture at the bookstore. He said to himself, "I should have studied harder to be a better interpreter guide. Next time, foreign tourists will appreciate my guidance."**

訳 翌日、男性は書店で日本の歴史や文化の本を何冊も立ち読みしていました。彼は「もっとすぐれた通訳ガイドになるために、もっと勉強しておくべきだった。次回は外国人観光客が私のガイドに感謝してくれるぞ」と心の中で思いました。

攻略法「書店で日本関連の書籍を読む男性」と「その心の内」をうまく表現できるかがポイント。browse through many books（多くの本を立ち読みする）、should have studied harder（もっと勉強しておくべきだったのに）、appreciate one's guiding（～の案内に感謝する）などは，ナレーション頻出の表現です。また、登場人物の心の中の思いを He said to himself などを使って述べるとナレーションの幅を出すことができます。

合格解答とポイント

No.1 ▶ Please look at the third picture. If you were the man, what would you be thinking?
（3番目の絵を見てください。あなたが男性だとしたら、何を考えているでしょうか）

合格解答

I'd be thinking, "They carry so many books on Japanese culture I have never read. Maybe they are more knowledgeable about Japanese culture than I am. I'm ashamed of my poor knowledge about Japan." 34 words

ここを押さえて！

① 3コマ目の男性になりきって、気持ちを表現してください。

② **合格解答**では「彼らは自分の知らない日本の本を読んでおり、自分より日本について博識だろう。自分の知識のなさが恥ずかしい」と、be knowledgeable about ～（～について博識である）や I'm ashamed of my poor knowledge about ～（～について知識が乏しく恥ずかしい）を使って表現しています。

③ be knowledgeable about が使えると英文のレベルがワンランクUPしますので、ぜひ working vocabulary に加えてください。

No.2 ▶ Do you think that Japanese tourists are more likely to get into trouble than tourists from other countries? Why do you think so?
（日本人旅行者はほかの旅行者よりトラブルに巻き込まれやすいと思いますか。なぜそう思いますか）

合格解答

Yes, I think so. Japanese tourists can become an easy target of theft and tourist frauds because they take a low crime rate and safety for granted. They are not careful about those crimes even when they travel to foreign countries.

42 words

ここを押さえて！

①「日本人旅行者のほうが他国出身の旅行者よりトラブルに遭（あ）いやすいか」を問う問題。

② **合格解答**のように、「低犯罪率と安全を当然と考え（take a low crime rate and safety for granted）、注意を払わないので窃盗や旅行者への詐欺に簡単に引っかかる（become an easy target of theft and tourist frauds）」と答えると、5点満点です。 満点解答を狙おう！

③ because 以下がなければ、論理に不備があるとみなされ得点が上がりません。

No.3 ▶ Should more be done to promote Japan to foreign tourists?
（外国人観光客へ日本をアピールするためにもっと多くのことがなされるべきでしょうか）

合格解答

Yes, I think so. Compared with European countries, Japan has very few inbound tourists. To boost the domestic economy, Japan should make more efforts to promote inbound trips and increase the revenue from tourism. 33 words

ここを押さえて！

①「外国人観光客を日本に招致するためにもっと努力すべきか」を問う問題。

② **合格解答**のように、「欧州と比べ、日本では海外から日本にやってくる観光客が少ない（very few inbound tourists）。国内の経済を活性化する（boost [revitalize] the domestic economy）ため、日本はインバウンド・トリップを薦め、観光収入を増やす（increase the revenue from tourism）べきだ」と答えると、5点満点です。 満点解答を狙おう！

③ No の場合は「日本では通訳ガイドの数を増やしたり、伝統的な日本のよさが残る地方の観光地をアピールしたり」している例などを出して、十分に努力している点をサポートしていきます。

No.4▶ Today, there are many places with cultural and natural significance, but most of them are damaged by tourists. Should more places be recognized as World Heritage sites in order to preserve them?

（今日、文化的や自然として重要な場所は数多くありますが、そのほとんどは観光客によって損なわれています。もっと多くの場所が、保全のために世界遺産に認定されるべきでしょうか）

合格解答

Yes, I think so. I believe that recognition as a World Heritage site is one of the most effective ways to make people aware of the importance of preserving cultural heritages and scenic spots.

34 words

ここを押さえて！

①「世界遺産登録地を保存のために増やすべきか」を問う問題。

② **合格解答**のように「世界遺産登録（recognition as a World Heritage site）は文化遺産や観光地を保存すること（preserving cultural heritages and scenic spots）の重要性を人々に認識させる最も効果的な方法のひとつ」と答えると、5点満点です。

満点解答を狙おう！

③ No の場合は「世界遺産に登録されると観光客が増え、ゴミが増えたり遺産の損傷が進んだりする」など、ネガティブな影響を与える例を挙げてサポートします。

面接で役立つボキャブラリー 旅行・観光

観光地	tourist destination
観光名所	tourist attraction
史跡	historic site
景勝地	scenic spot [area]
温泉地	hot spring resort
無形文化財	intangible cultural asset
異文化体験	cross-cultural experience
その地の名産	local specialty
観光案内所	tourist information desk
旅館	Japanese-style inn
パッケージ旅行	package tour
個人旅行	individual tour
団体割引	group rate
旅行日程表	itinerary
搭乗券	boarding pass
往復切符	round-trip ticket
渡航情報	overseas travel information
身の回り品	personal belongings
貴重品	valuables
国内旅行	domestic travel
時刻表	timetable
添乗員	tour conductor
時差ボケ	jet lag

時差	time difference
機内持ち込み荷物	carry-on baggage
手荷物引換証	baggage claim tag
機内食	in-flight meal
接続便	connecting flight
旅行の手配	travel arrangement
手荷物検査場	security check
遺失物取扱所	lost and found
重量超過手荷物	excess baggage
エコノミークラス	coach [economy] class
頻繁に飛行機を利用する人	frequent flier
指定席	reserved seat
寝台券	berth ticket
掛け捨て保険	non-refundable insurance
無料送迎バス	courtesy bus
グリーン車	first-class car
有効なパスポート	valid passport
貴重品保管所	safe deposit
夏の避暑地	summer retreat
豪華客船	luxury liner

Exercise 4

You have **one minute** to prepare.

This is a story about a couple who had their first date.
You have **two minutes** to narrate the story.

Your story should begin with the following sentence:
One day, a man had a date with a woman who looked very gentle and elegant.

Questions

No.1 ▸ Please look at the fourth picture. If you were the man, what would you be thinking?

No.2 ▸ Compared with people in the past, do you think people today are more selfish?

No.3 ▸ Is it important to socialize with colleagues after work to maintain good relations with them?

No.4 ▸ In today's society, the quality of relationships within communities often becomes a topic for discussion. Do you think that people today have good relations with their neighbors?

モデル・ナレーション

57

1 **One day, a man had a date with a woman who looked very gentle and elegant.** After eating delicious food at a restaurant, they decided to go to the movies together.

訳 ある日、男性が、とても優しそうで上品な女性とデートをしました。レストランでおいしい食事をとった後、二人は映画を見に行くことにしました。

攻略法 最初の指示文 This is a story about a couple who had their first date. から、「初デートをしたカップルの話」とわかります。1コマ目では、「食事のあと、映画鑑賞を男性が提案」する場面の描写がポイントです。下線部は he said to her, "Let's go to movies!" と【直接話法】で表現しても構いませんが、decided to + V（～することにした）を使ったほうがナレーションが引き締まります。

2 **However,** they had a conflict over the choice of the movie they wanted to watch. The man wanted to see a romance movie, **while** the woman wanted to see a horror movie.

訳 しかし、見たい映画を選ぶ際に意見が分かれました。男性はロマンス物が見たかったのですが、女性はホラー映画を見たかったのです。

攻略法 前のシーンで「映画鑑賞」には意気投合したのに、「映画タイトル」では対立したという【逆接】の論理展開（logical development）をこのシーン冒頭のつなぎ言葉 However で示しています。また、このコマでは「恋愛映画を見たい男性」と「ホラー映画を見たい女性」の対立描写がポイントで、このコントラストをつなぎ言葉 while（～が、一方）を用いてうまくまとめています。have a conflict over ～（～をめぐって対立する）は重要表現ですので、使えるようにしておきましょう。

3 **Finally, the man gave up the idea of watching his favorite movie and watched a horror movie with her. At the theater, he always got scared at the bloody scenes and grabbed her arm in fear, but the woman kept laughing and enjoyed watching horrible scenes.**

訳 結局、男性は自分の好みの映画を見るのをあきらめ、彼女と共にホラー映画を見ました。映画館で男性は残酷なシーンに終始おびえ、恐怖で女性の腕をつかみましたが、女性は笑い続け、恐ろしいシーンを見て楽しみました。

攻略法 前のシーンの対立の結果、どう納まったかを **Finally（最終的に）** というつなぎ言葉の後に述べることで、話の展開がスムーズになっています。このシーンのポイントは「男性が折れてホラー映画に決定した点」と「鑑賞中のカップルのリアクションの差」の2点です。後者はつなぎ言葉butやon the other hand、whileなどを用いて【コントラスト】を示しましょう。give up the idea of watching（見るのをあきらめる）はgive up his desire of watchingと言い換えることもできます。また、grab one's arm in fear（恐怖で～の腕をつかむ）もナレーションに幅を出す感情・動作表現です。

4 **When they got out of the movie theater, the man looked so stressed out from watching the movie and completely lost his interest in having a date with the woman. On the other hand, she looked refreshed and gave him a pat on the shoulder to cheer him up.**

訳 映画館から出ると、男性は映画鑑賞によるストレスでやられてしまったようで、彼女とのデートにすっかり興味を失ってしまいました。一方、女性はリフレッシュしたようで、男性の肩をたたいて励ましました。

攻略法 映画館から出てきたあとであることがわかりますので、When they got out of the movie theater, ... で始め、前のシーンからの【場所の変化】と【時の経過】を明示します。ここでは「ホラー映画のストレスでデートに興味を失う男性」と「リフレッシュし、男性を励ます女性」の【コントラスト】をon the other handというつなぎ言葉を使ってまとめています。look so stressed out（ストレスでやられてしまったようだ）、look refreshed（リフレッシュしたように見える）、cheer him up（彼を励ます）などナレーションで使える重要表現が満載です。cheer him upが出てこない場合は、she said, "Are you all right?" でもOK。

No.1 ▸ Please look at the fourth picture. If you were the man, what would you be thinking?
（4番目の絵を見てください。あなたが男性だとしたら、何を考えているでしょうか）

合格解答

I'd be thinking, "I didn't expect a woman like her who looks so feminine to love horror movies. You cannot tell people's character from their appearance."

26 words

ここを押さえて！

① **合格解答**では「彼女は、か弱そうに見えるのにホラー映画が好きとは、人は見かけによらない」とまとめています。

② You cannot tell people's character from their appearance.（見かけで人の性格は分からない）や expect＋人＋to do（人が～するだろうと思う）は使える表現です。

③ また、「彼女は見かけと内面がかけ離れているが、それもまた魅力的だ」という解答も考えられます。

Q

No.2▶ Compared with people in the past, do you think people today are more selfish?
（昔の人と比べて、現代人はより自己中心的だと思いますか）

A

合格解答

Yes, I think so. People used to help each other in the community and mind their manners in public. But nowadays, people are less concerned about other people. For example, they talk loudly on a train without caring about other people.

41 words

ここを押さえて！

① 「昔と比べて自己中心的な人が増加したと思うか」という質問。

② **合格解答**のように、「昔はコミュニティで助け合ったり、公の場でのマナーに注意を払ったりした（mind their manners in public）ものだが、現代人は他人の心配をすることが少なくなっている（less concerned about other people）」とし、「周りを気にせず車内で大声で話す」例を挙げてサポートすると、5点満点です。

③ 最後の例がなければ、3～4点の解答となります。

No.3▶ Is it important to socialize with colleagues after work to maintain good relations with them?
（同僚との良好な関係を維持するため、勤務後に社交することは重要でしょうか）

合格解答

Yes, it's very important. Socialization after work helps maintain good relationships with colleagues. When you go out for dinner or a drink with them, you often find a lucky surprise such as a common interest with them. That will deepen your relationships with them and promote teamwork in a workplace. **50 words**

ここを押さえて！

① 「同僚とよい関係を保つためにアフターファイブでも社交するべきか」を問う問題。

② Yes の場合は「夕食や飲みに行くと、共通の趣味を見出したり、思わぬ収穫があったりし（find a lucky surprise such as common interests with them）、関係を深め（deepen your relationships with them）、職場でのチームワークを促進する（promote teamwork in a workplace）」と答えると、5点満点です。No の場合は、「社内でもランチを共にしたりして、お互いを知り、仲よくなるチャンスがあり、関係を良好に保つことは十分できるので不要」とすることもできます。

③ ちなみに人間関係でよく使われるのは、（interpersonal）relationships で、relations は international relations のように「国家間の関係」を示す際によく使われます。

No.4 ▶ In today's society, the quality of relationships within communities often becomes a topic for discussion. Do you think that people today have good relations with their neighbors?

（今日の社会では地域社会における人間関係の質がしばしば話題になります。現代人は隣人と良好な関係を築いていると思いますか）

合格解答

No, I don't think so. Due to heavy concentration of population in urban areas, most people today have lost a sense of belonging to the community. People care less about their neighbors and community and rarely communicate with them. 39 words

ここを押さえて！

①「現代人は隣人と良好な関係を気づいているか」を問う問題。

② **合格解答**のように、「都会では人口過密で（Due to heavy concentration of population in urban areas）、人々はコミュニティへの所属意識を失い（lost a sense of belonging to the community）、隣人・地域社会のことをあまり気にしない（care less about their neighbors and community）し、関わることもほとんどない」と答えると、5点満点です。

③ general question（社会全体を問う問題）に対して、【個人的な体験】（たとえば、In my village, neighbors often help each other など）のみを述べるのは不合格解答です。general question には【一般化・概念化】した答えを用意し、そのあとに例証します。その際も個人的な体験例は極力避け、統計など社会的に信用できるデータを挙げれば理想的な解答となります。これは英語のアーギュメントの基本です。

面接で役立つボキャブラリー 交通

交通規制	traffic regulation
交通渋滞	traffic jam [congestion]
交通違反	traffic violation
一方通行	one-way traffic
通行人	pedestrian
横断歩道	crosswalk
歩道橋	pedestrian bridge
交差点	intersection
オープンカー	convertible
救急車	ambulance
消防車	fire engine
キャンピングカー	camper
霊柩車	hearse
駐車場	parking lot
回送列車	out-of-service train
途中下車	stopover
助手席	passenger seat
改札口	ticket gate
ナンバープレート	license plate
免許を取り消される	have one's license revoked
免許停止となる	have one's license suspended
スピード違反切符を切られる	get a ticket for speeding
ひき逃げ事故	hit-and-run accident

接触事故	fender bender
正面衝突	head-on collision
玉突き事故	multiple-car pileup
ハンドル	steering wheel
フロントガラス	windshield
バックミラー	rear-view mirror
チャイルドシート	child safety seat
クラクションを鳴らす	honk the horn
ボンネットを開ける	lift up a hood
車を止める	pull over a car
車をバックする	back up a car
終電に乗り遅れる	miss the last train
電車路線図	train map
運賃精算機	fare adjustment machine
定期券	commuter pass
身体障害者用駐車スペース	disabled parking
優先座席	priority seat
通路側の席	aisle seat
踏切	railway crossing
有料道路	toll road
飲酒テスト	sobriety test
通行止め	No Thoroughfare

Exercise 5

You have **one minute** to prepare.

This is a story about a family who tried to promote the 3Rs.
You have **two minutes** to narrate the story.

Your story should begin with the following sentence:
One day, a family saw a TV program featuring the promotion of the 3Rs (reduce, reuse, recycle).

Questions

No.1▶ Please look at the fourth picture. If you were the son, what would you be thinking?

No.2▶ Do you feel that you're doing enough to protect the environment?

No.3▶ Do you think that the government should do more to promote renewable energy?

No.4▶ Many endangered species are threatened with extinction, but conservation efforts vary depending on the country. What do you think about laws that protect certain endangered species in many countries?

モデル・ナレーション 

1

One day, a family saw a TV program featuring the promotion of the 3Rs (reduce, reuse, recycle). Impressed by the idea, they decided to practice the 3Rs.

訳 ある日、家族は3R（リデュース，リユース，リサイクル）を推進するテレビ番組を見ました。その考え方に感銘を受け、彼らは3Rを実践することにしました。

攻略法 最初の指示文 This is a story about a family who tried to promote the 3Rs. から、「3Rを推し進めようとする家族の話」とわかります。1コマ目は「家族の 3R 実践宣言」を描くのがポイントです。Impressed by the idea, ...（その考えに感銘を受けて…）とつなぐと、第1文からの transition（移行）がスムーズになります。ちなみに practice the 3Rs（3Rを実践する）は環境問題を語る際のキーワードですので、使えるようにしておきましょう。

2

Later that day, the mother told her son to go to bed earlier to save electricity. Since the son had always played computer games till late at night, he reluctantly followed her instructions.

訳 同日あとで、母親は電気を節約するために早く寝るように息子に言いました。息子はいつも夜遅くまでコンピューターゲームをしていたので、母親の指示にしぶしぶ従いました。

攻略法 このシーンでは「息子に電気節約のため早寝を勧める母親」と「深夜にゲームをしたいが、しぶしぶ従う息子」の2つのポイントを押さえましょう。ここでは接続詞 Since ～でしぶしぶ従った理由を述べて、【因果関係】を明示しています。reluctantly follow sb's instructions（しぶしぶ～の指示に従う）の reluctantly は準1級の面接では必須の表現です。to save electricity は、to protect the environment と言い換えることもできるでしょう。

3 **That night, she demanded her husband set the air-conditioning temperatures at 28 degrees centigrade or higher to protect the environment. Although he felt uncomfortable with the temperature, he reluctantly agreed with her idea.**

訳 その夜、彼女は環境を守るためにエアコンの温度は28度以上に設定するように、夫に要請しました。その室温は不快でしたが、夫はいやいや従いました。

攻略法 このシーンでは、「夫に室温を28℃に設定するよう要請する女性」と「不快だが、しぶしぶ従う夫」の2つのポイントをカバーしましょう。set the air-conditioning temperatures at 28 degrees centigrade or higher（エアコン設定を28度以上にする）はエネルギー問題を語る際によく使う表現ですので覚えておきましょう。demand は要求動詞なので、demand that her husband set のように、that 節内の動詞は原形になります。feel uncomfortable with ～（～がいやである, 不快である）や、reluctantly agree with sb's idea（～の意見にしぶしぶ同意する）も重要です。

4 **The next evening, her son and husband got home to find the mother taking a nap with the TV, computer and air-conditioner on in the living room. They angrily said to her that it was not fair.**

訳 翌日の夕方、息子と夫が帰宅すると、母親がテレビとパソコンとエアコンをつけっぱなしにしたまま居間で昼寝をしていました。二人は怒って、母親に「ずるいぞ!」と言いました。

攻略法「電気製品をつけっぱなしで寝ている母親」と「怒る夫と息子」を描くのがポイントです。got home to find ～ ...ing（家に帰ると～が…していた）はストーリー描写表現として便利です。with the TV on（テレビをつけっぱなしで）の with の使い方もマスターしておきましょう。【感情表現】としては、angrily said to her that ... の angrily のように、副詞を一語つけるだけで主語の気持ちを表現できて便利です。It's not fair!（ずるいぞ！）の部分は、You are not practicing what you preach!（口ばっかりで行動が伴ってないぞ！）などとまとめると、高得点のナレーションになるでしょう。

No.1 ▶ Please look at the fourth picture. If you were the son, what would you be thinking?

（4番目の絵を見てください。あなたが息子だとしたら、何を考えているでしょうか）

合格解答

I'd be thinking, "She made us practice the principles of the 3Rs, but she doesn't practice what she preaches. It's totally unfair!" 22 words

ここを押さえて！

① **合格解答**では「3Rの実践を強要した当人が実践していないなんて、ずるい!」と答えています。

② Practice what you preach.（自分の説くことを実行せよ）ということわざは、ぜひ運用できるように覚えておきましょう。**合格解答**はこのことわざの応用です。

③ practice the principles of the 3Rs（3Rの原則を実践する）は必須表現です。

No.2▶ Do you feel that you're doing enough to protect the environment?

（環境を守るために、あなたは十分なことをしていると思いますか）

合格解答

Yes, I believe so. I always separate recyclable and non-recyclable garbage, refuse unnecessary wrapping and packaging at shops, and try to buy eco-friendly products such as electric cars. I also set the temperatures of air-conditioning at 28 degrees centigrade or higher to save energy. 44 words

ここを押さえて!

①「環境保護のために十分な努力をしていると思うか」を問う問題。

② これは個人的な体験例を出して例証するパターンで、Yes なら**合格解答**のように「リサイクルできるゴミとできないゴミに分ける（separate recyclable and non-recyclable garbage）」、「買い物で不要な包装を断る（refuse unnecessary wrapping and packaging at shops）」、「環境にやさしい商品を買うようにする（try to buy eco-friendly products）」、「エアコンの室温設定を28度以上にする（set the temperatures of air-conditioning at 28 degrees centigrade or higher）」のように4つの具体例を出して例証していますが、3つ程度並べられれば満点の解答となるでしょう。 満点解答を狙おう!

③ ここで挙げた表現は環境問題で使いまわしの効く表現ですので、ぜひ覚えておきましょう。

No.3 ▶ Do you think that the government should do more to promote renewable energy?

（政府は，再生可能エネルギーを推進するために，もっと努力をしなければならないと思いますか）

合格解答

Definitely yes. I strongly believe that more government efforts to promote the use of renewable energy can save dwindling fossil fuel reserves and control global warming caused by increasing CO_2 emissions. **31 words**

ここを押さえて！

① 「再生可能エネルギーを政府がもっと推進するべきか」を問う問題。

② **合格解答**のように、①政府の再生可能エネルギー推進のさらなる努力（more government efforts to promote the use of renewable energy）と、①「減少しつつある化石燃料を節約（save dwindling fossil fuel reserves）でき」、②「二酸化酸素排出量の増加により引き起こされている温暖化を抑制することができる（control global warming caused by increasing CO_2 emissions）」と答えると5点満点です。結果が1つの場合は3点となります。 満点解答を狙おう!

③ control global warming は put the brake on global warming（温暖化を抑制する）、また dwindling fossil fuel reserves は decreasing fossil fuel reserves と言い換えることもできます。

Q

No.4 ▶ Many endangered species are threatened with extinction, but conservation efforts vary depending on the country. What do you think about laws that protect certain endangered species in many countries?

（多くの絶滅危惧種が絶滅の危機に瀕していますが、保護活動は国によって異なります。多くの国にある絶滅危惧種の保護法についてどう思いますか）

A

合格解答

I think that those laws are necessary. Imposing regulations such as the Washington Convention will help reduce illegal hunting and trade of endangered species. Without those regulations, more people kill and sell endangered species for monetary gains. 37 words

ここを押さえて！

①「多くの国にある絶滅危惧種保護法について」問う問題。

② **合格解答**のように「必要だ」とまずスタンスを述べ、「たとえばワシントン条約（the Washington Convention）のような法規制があると、絶滅危惧種の不法な狩りや取引（illegal hunting and trade）を減らすことになる。法律がなければ、もっと多くの人が、お金をもうけるため（for monetary gains）殺したり撃ったりする」と答えると、5点満点です。 満点解答を狙おう!

③ for monetary gains（金銭上の利益のために）がむずかしい場合は，to make profit または to make money と言い換えることができます。また、illegal hunting and trade は poaching and smuggling（密猟と密輸）とすると、上級者向けの解答となります。

面接で役立つボキャブラリー 住居

住宅ローン	mortgage	タンス	chest of drawers
住宅助成金	housing subsidy	洋服ダンス	wardrobe
賃貸契約書	lease contract	屋根裏部屋	attic
不動産屋	real estate agency	地下室	basement
家主	landlord	合鍵	duplicate key
賃借人	tenant	屋上庭園	roof garden
礼金	key money	花壇	flower bed
敷金	security deposit	ガスコンロ	gas range
管理費	maintenance fee	ストーブ	heater
耐震構造	earthquake-proof structure	インターホン	intercom
3階建ての家	three-story [storied] house	ブラインドを下げる	pull down window shade
非常階段	fire escape	植木に水をやる	water plants
屋上	top floor	芝生を刈る	mow the lawn
ワンルームマンション	studio apartment	庭仕事をする	work in the garden
高級マンション	condominium	ベッドを整える	make a bed
家具付きマンション	furnished apartment	床を拭き掃除する	sweep a floor
団地	housing complex	下宿する	room at someone's house
間取り	floor plan	戸締まりをする	lock up a house
収納スペース	storage space	電球が切れた。	The light bulb has burned out.
リフォーム(建物)	remodel	ヒューズが飛んだ。	The fuse has blown out.
手すり	handrail	監視カメラ	surveillance camera
出窓	bay window	雨戸	rain shutter
食器棚	cupboard		

Exercise 6

You have **one minute** to prepare.

This is a story about a woman who takes care of her father confined to bed at home.

You have **two minutes** to narrate the story.

Your story should begin with the following sentence:

One day, a woman was taking care of her father confined to bed at home.

1

She must be
so exhausted.

2

Next evening
We need some help: nursing-care
worker or nursing-care robot?
nursing-care
worker
nursing-care
robot

3

Two weeks later
I don't want to be taken
care of by a robot.

4

Questions

No.1▶ Please look at the fourth picture. If you were the father, what would you be thinking?

No.2▶ Do you think that modern technology has improved people's lives?

No.3▶ Do you think that printed newspapers will be replaced by electric newspapers in the future?

No.4▶ Nowadays genetically modified foods are readily available in supermarkets and grocery stores in some countries. Do you think that genetically modified foods will become more common in the future?

モデル・ナレーション

1 **One day, a woman was taking care of her father confined to a bed at home.** She looked so exhausted from taking care of him that her spouse was concerned about her health. Her father also looked very sorry for her.

訳 ある日、女性が寝たきりの父親の世話を家でしていました。女性は看病で疲れ切っているようだったので、夫は妻の体調を気遣いました。父親も娘にとてもすまなさそうでした。

攻略法 最初の指示文 This is a story ～から「家で寝たきりの父を看病する女性の話」とわかります。1コマ目では「介護する女性を心配する夫とすまなさそうにする父」と、吹き出しにある「女性の疲れた表情」というポイントを so ... that SV（非常に…なので～だ）を使い、【因果関係】を入れてまとめています。concerned about は「愛情を持って気遣う」という意味で、worried about は「愛情は関係なく、ずっと悩む」、care about は「気に留める」。いずれの表現も OK ですが、「愛情」の意味が入った concerned about がベストチョイス。

2 The next evening, the couple was talking about how to deal with the problem. The woman said, "We need some help." Her spouse agreed and suggested two choices when he was browsing through the newspaper. One was hiring a nursing-care worker, and the other was employing a nursing-care robot.

訳 翌日の夕方、夫婦はこの問題への対処法について話し合っていました。女性は「助けが必要よ」と述べ、夫も賛同し、新聞を見て2つの選択を提案しました。1つは介護士の採用で、もう1つは介護ロボットの採用でした。

攻略法「助けを訴える妻」と「介護士か介護ロボットかの夫の提案」の2つを表現することがポイントです。2つの選択肢を提示する際に便利な表現が、One was ... and the other was ～（一方は…で他方は～）です。how to deal with the problem（問題への対処法）、browse through the newspaper（新聞に拾い読みする）なども使えるようになっておきましょう。つなぎ言葉 The next evening を忘れずに使いましょう。

3 **Two weeks later, the man brought a nursing-care robot home and introduced it to her father. When he saw the robot, he got scared of it and complained that he didn't want to be taken care of by a robot.**

訳 2週間後、男性が介護ロボットを家に持って帰り、父親に紹介しました。父親はロボットを見て怖くなり、ロボットに世話なんてされたくないと不平を言いました。

攻略法「介護ロボットを父親へ紹介する夫」と「父親の否定的な反応」の2つのポイントを述べる必要があります。吹き出しのセリフはモデル・ナレーションのように**間接話法**で表現してもいいですし、自信がない場合は1つ目の下線部なら said, "This is a nursing-care robot, father."、2つ目の下線部なら said, "I don't want to be taken care of by a robot." と**直接話法**にしてそのまま引用してもOKです。「怖がる」get scared of it などの感情表現は、ナレーションでは意識的に入れるようにしましょう。

4 **One month later, the nursing-care robot was gently lifting up the father from his bed. He smiled and said to the robot, "Thank you!" The couple was surprised to see the great performance of the state-of-the-art robot.**

訳 1か月後、介護ロボットが父親をやさしく抱きかかえてベッドから起こしていました。父親は微笑んで、「ありがとう!」とロボットに言いました。夫婦は最先端ロボットのすばらしいパフォーマンスを目にして驚きました。

攻略法「介護するロボットへの父の感謝」と「夫妻の安堵」をカバーする必要があります。介護シーンの描写は、lift up ～ from one's bed(ベッドから～を抱きかかえて起こす)などの表現を使うと情報量も豊かになり、高得点のナレーションになるでしょう。ここでも、smiled and said などの【表情】の描写や、be surprised to see ... などの【感情】の描写が大切です。state-of-the-art robot は「最新式のロボット」という意味で重要な表現です。

合格解答とポイント

68

No.1 ▶ Please look at the fourth picture. If you were the father, what would you be thinking?

（4番目の絵を見てください。あなたが父親だとしたら、何を考えているでしょうか）

合格解答

I'd be thinking the nursing-care robot is doing a greater job than I expected, and I am happy that the robot can save my daughter the trouble of taking care of me.

32 words

ここを押さえて！

① 4コマ目の父親になりきって気持ちを代弁してみましょう。

② **合格解答**では「介護ロボットは予想以上によく働いてくれて、娘に介護の苦労をかけないのでうれしい」と間接話法で表現していますが、直接話法にして and の前で2文に分けることも可能です。

③「～なのでうれしい」は I am happy because はまれで、I am happy that SV のほうが圧倒的によく使います。また save ＋人＋ the trouble of ...ing（人に～する苦労をかけない）も重要表現です。

No.2 ▸ Do you think that modern technology has improved people's lives?

（現代のテクノロジーは人々の生活を向上させてきたと思いますか）

合格解答

Yes, I think that modern technology has greatly improved people's lives. For example, the Internet, one of the greatest modern conventions, allows people to send messages anytime anywhere and to gather a huge amount of valuable information very quickly. **39 words**

ここを押さえて！

①「現代の科学技術により生活が改善したか」を問う問題。

② **合格解答**のように、「大いに改善した」と結論を述べ、「たとえばインターネットにより、いつでもどこでもメッセージを送ったり（allow people to send messages anytime anywhere）、大量の価値ある情報をすばやく得たりできる（gather a huge amount of valuable information very quickly）ようになった」と例を挙げて答えると、5点満点です。

③ ほかにもテクノロジーの進歩により飛行機の発明、地雷探査ロボット（mine-detecting robot）、スマートフォンなど生活向上に貢献したテクノロジーの代表例を挙げてサポートすることができます。これも頻出Qなので、解答を考えておきましょう。

Q

No.3▶ Do you think that printed newspapers will be replaced by electric newspapers in the future?
（印刷版の新聞は将来電子新聞に取って代わられると思いますか）

A

合格解答

Yes, definitely. Even now, more and more people read free electric newspapers on a smartphone or a computer rather than printed newspapers. At this rate of increase in online newspaper readership, it's only matter of time before printed newspapers will be replaced by electric newspapers. **46 words**

ここを押さえて！

① 「新聞はネット新聞に取って代わられるか」を問う問題。

② **合格解答**のように、「今でさえスマートフォンやパソコンで無料のネット新聞を読む人がますます増えており、オンライン新聞の読者数がこの調子で増えると（At this rate of increase in online newspaper readership）、ネット新聞に取って代わられるのは時間の問題（it's a matter of time before ～」と答えると、5点満点です。

③ 関連質問に、Do you think that printed books will be replaced by e-books in the future?（本はEブックに将来、取って代わられると思いますか）や「電子図書館（e-library）」の是非を問う問題などがありますので、答えを考えておきましょう。

No.4▶ Nowadays genetically modified foods are readily available in supermarkets and grocery stores in some countries. Do you think that genetically modified foods will become more common in the future?

（今や遺伝子組み換え食品は、国によってはスーパーマーケットや食料品店で簡単に手に入ります。遺伝子組み換え食品は将来もっと普及すると思いますか）

合格解答

Yes, I think GM foods will become more available in the future. It's because GM foods will help increase crop production, and therefore help reduce world hunger, one of the most serious problems on earth. **27 words**

ここを押さえて！

①「遺伝子組み換え食品が将来より普及するか」を問う問題。

② **合格解答**のように、Yes の場合は「遺伝子組み換え食品は作物の収穫高を上げ（increase crop production）、ゆえに最も深刻な問題のひとつである世界の飢餓を減らすのに貢献（help reduce world hunger）する」と答えると5点満点です。

③ なお、これは各質問共通ですが、**沈黙は7秒以上しない**ようにしましょう。英語圏の人は、少しのあいだでも「不自然な間」と感じるため、日頃から、英語のみならず、日本語でも、間髪入れずに社会問題に即答する練習をしておきましょう。また、試験中に即答できない場合も答えを考えつつ、"Well, it's a deep question.（深い質問ですね）" などと言うことで間をつなぎ、解答を述べるようにしましょう。

（面接で役立つボキャブラリー）テクノロジー・メディア

原子力発電	nuclear power generation
水力発電	hydroelectric power generation
地熱発電	geothermal power generation
エネルギー自給率	energy-efficiency rate
核廃棄物処理	nuclear waste disposal
放射能汚染	radioactive contamination
産業用ロボット	industrial robot
介護ロボット	nursing-care robot
救助ロボット	rescue robot
遺伝子組み換え食品	genetically modified food
遺伝子操作	genetic manipulation
遺伝子療法	gene therapy
不妊カップル	infertile couple
宇宙開発	space exploration
宇宙ゴミ	space debris
国際宇宙ステーション	the International Space Station
インターネット普及率	the Internet penetration rate
情報処理	data processing
受信料	reception fee
コンピューター障害	computer malfunction
情報格差	digital divide
ネット犯罪	cyber crime
出会い系サイト	Internet dating site
メディア検閲	media censorship
通信販売	mail order
独占インタビュー	exclusive interview
電子書籍	electronic book
ネットバンキング	online banking
コンピューターウィルス	computer virus
報道	media coverage
記者会見	press conference
視聴率	viewer rating
音楽ダウンロード	music downloading
海賊版ソフト	pirated software
ユビキタス社会	ubiquitous society
翌日配達便	overnight delivery

Exercise 7

You have **one minute** to prepare.

This is a story about a teacher who tried to encourage artistic creativity in students.
You have **two minutes** to narrate the story.

Your story should begin with the following sentence:
One day, the teacher was teaching art class at school.

Questions

No.1▶ Please look at the second picture. If you were the teacher, what would you be thinking?

No.2▶ Should schools provide more opportunities for students to experience nature?

No.3▶ Do you think the current system of entrance exams in Japan puts too much pressure on children?

No.4▶ Japan's school education system has long been admired but recently faced criticism from other countries. Is the quality of school education in Japan declining?

モデル・ナレーション 72

1 **One day, the teacher was teaching art class at school.** As his students in the class were painting pictures, he found that most of their works were lacking in individuality and creativity. Then he realized that he had to do something to develop their creativity.

訳 ある日、教師は学校で美術を教えていました。生徒たちが絵を描いていたとき、彼は生徒の作品のほとんどが個性や創造性に欠けていることに気づきました。彼は生徒たちが創造性豊かになるように何か策を講じなければならないと思いました。

攻略法 2つの重要ポイント「教師が、生徒たちの創造性が乏しいことを発見した」、「どうにか解決策を考えた」を、「その時」と「それゆえ」の意味を持つ**つなぎ言葉**thenを使ってまとめています。thenはこのように話を次に展開させるときに効果的です。creativeの類語 imaginative（想像性豊かな）、individualistic（個性的な）もここで覚えておきましょう。追加情報として、教師の気持ちを表す表現（surprised, disappointed）などを加えることも可能です。

2 Later, at the faculty meeting, he explained to other teachers how negatively school uniforms could affect students' individuality and creativity. When he suggested abolishing the school uniform policy, they all agreed to his proposal.

訳 その後の会議で、彼はほかの教師たちに、学校の制服が生徒たちの個性に悪い影響を与えると述べ、制服を廃止するように提案したところ、皆が同意しました。

攻略法 ここでの重要ポイントは「制服廃止が決まった」です。もし「廃止する」の英語がとっさに浮かばない場合は、get rid of the school uniform systemと言い換えて表現することも可能でしょう。準1級面接試験合格のためには、このように、その場で英単語が出てこない場合に備え、日頃からすぐに別の英語に置き換えできる瞬発力を鍛えておく必要があります。面接試験では、沈黙したり間を置いたりせず、とにかくコンスタントに話し続けることが非常に重要だからです。3行目のaffectは基本的には「悪い影響を及ぼす」ときに使う動詞で、Smoking can affect one's health.（喫煙は健康に悪影響を及ぼす）のように使います。

3 A few months later, students became individualistic and artistic, wearing unique and fashionable clothes. In the art class, they started painting pictures with great imagination and creativity. He was glad that the no-school uniform policy worked.

訳 数か月後、生徒たちは個性的でファッショナブルな私服に身を包み、個性豊かで芸術的になりました。美術のクラスでは、想像力と創造性を豊かに絵を描き、彼は制服廃止がうまく行ったことを喜びました。

攻略法「生徒が私服を着ている」、「前とは違い、クリエイティブな絵を描いた」 の2点がポイント。下線部は they started painting very imaginative and creative pictures（非常に想像性豊かで、かつ創造性に富む絵を描いた）とも表現できます。また、4行目のような【人物の感情描写】もナレーションでは必須です。

4 Six months later, however, some students became delinquent and started smoking and drinking. He had mixed feelings about how the new policy turned out.

訳 しかし、半年後、ある生徒たちは不良になり、喫煙したり飲酒を始めたりしました。彼は、その新しい方針（私服）がこのような結果を招いたことに、複雑な気持ちになりました。

攻略法 ポイントは「ある生徒たちが反抗的になった」、「教師は複雑な気持ちだった」の2点です。1行目の however は but より強い逆接を表すので、このように予想外の展開になった状況で使うと描写力がグーンとアップします。「不良になる」は例文の become delinquent ですが、「反抗的」は rebellious 、「言う事に従わない」disobedient も重要です。1つ目の下線部は、ほかに He just didn't know what to say.（何と言ってよいのかわからなかった）とも言い換え可能で、特に「困った表情」を描写するのに大変便利なので、しっかり覚えて使えるように練習しておきましょう。2つ目の下線部はthe result of the new policyにも言い換え可能です。

No.1 ▶ Please look at the second picture. If you were the teacher, what would you be thinking?

（2番目のイラストを見てください。あなたが教師の一人だとしたら、何を考えているでしょうか）

合格解答

I'd be thinking, "I agree with his idea. School uniforms can undermine the development of individuality and creativity among students. I hope that casual clothes will help develop students' creativity." 30 words

ここを押さえて！

① イラスト2コマ目の「教師の考え」を問う問題。会議では教師の提案した制服廃止が決定したので、答えは**合格解答**のように好意的な意見が適切でしょう。

②「彼の意見に賛成」は、ほかにI support his idea. と言い換え可能です。

③ 例文にあるundermine development（発達を損なう）、develop creativity（創造性を発達させる）、individuality（個性）も覚えておきましょう。私服はcasual clothes と表現できます。また、casual clothes の導入くらいで develop creativity は言いすぎで、will help develop creativityは"help"（一助になる）を入れてトーンダウンすることが重要です。

No.2 ▶ Should schools provide more opportunities for students to experience nature?
（学校は生徒にもっと自然に触れる機会を与えるべきでしょうか）

合格解答

Yes, I think so. It is very important for students living in urban areas to go to the countryside and experience school activities in nature. Experiencing nature can greatly promote their health and environmental awareness. **35 words**

ここを押さえて！

① 「学校が、生徒に自然に触れる機会をもっと与えるべきか」を問う問題。

② 問題の意図をくみとると、高得点解答はYesになります。上の**合格解答**では「都会に住む生徒にとって重要である」と述べ、その理由に「生徒の健康と環境に対する意識を大いに高めることができる」という2つの理由を挙げています（満点解答）。

③ このほか、raise our environmental awareness（我々の環境に対する認識を高める）も運用レベルにしておきましょう。

No.3 ▶ Do you think the current system of entrance exams in Japan puts too much pressure on children?
（現在の日本の入学受験システムは子どもにプレッシャーを与えすぎていると思いますか）

合格解答

Yes, I think so. Entrance examinations in Japan are very difficult to pass, and most parents expect their children to go to prestigious high schools and universities. Therefore, students have to study really hard and go to a cram school at the sacrifice of their free time. **49 words**

ここを押さえて！

① 「現在の入試システムが多くのプレッシャーを子どもに与えているか」を問う問題。

② **合格解答**は Yes で、その理由「入試がむずかしく、親も、子どもが名門学校に入学することを期待している」を挙げ、「自由な時間を犠牲にして勉強しなくてはならない」と続けると満点ゲットです。

③ at the sacrifice of ～（～を犠牲にして）、prestigious（有名な・大手の）も覚えて、運用レベルにしておきましょう。

No.4▶ Japan's school education system has long been admired but recently faced criticism from other countries. Is the quality of school education in Japan declining?

（日本の学校教育制度は長いあいだ称賛されてきましたが、最近では諸外国からの批判に直面しています。日本の学校教育の質は低下していますか）

合格解答

I think so. Many schools haven't been providing their students with sufficient academic education they need to enter good universities. Most of them have to go to cram schools to make up for the decline in the quality of school education.

41 words

ここを押さえて！

①「日本の学校教育の質が下がっているか」を問う問題。

② 理想的な解答は、No の意見で「学校はよい大学に入る十分な教育を与えていない」「ほとんどが塾に通っている」ことを述べていますが、次のデータ「OECD の「生徒の学習到達度調査 Programme for International Student Assessment（PISA）」によると、65か国中、日本の15歳の生徒の数学・科学・読解の学習到達度（15-year-old school students' scholastic performance on mathematics, science, and reading）は2006年の10位、15位、6位から、2022年は5位、2位、3位と上昇しており、学校教育の質が低下したとは言えない」のように【世界の統計】を挙げて説明すると強い No 側の意見となります。

③ sufficient（十分な）、make up for ～（～の埋め合わせをする）もしっかりチェックして覚えておきましょう。

面接で役立つボキャブラリー 教育

道徳教育	moral education
少年犯罪	juvenile delinquency
登校拒否	refusal to go to school
落ちこぼれ	underachiever
成績優秀者	high-achiever
学級崩壊	classroom disruption
停学	suspension from school
ネット上のいじめ	cyber-bullying
体罰	corporal punishment
引きこもり	social withdrawal
未成年の喫煙	underage smoking
不良行為	delinquent behavior
退学処分を受ける	be expelled from school
中退する	drop out of school
暴走族	motorcycle gang
義務教育	compulsory education
塾	cram school
予備校	preparatory school
学歴社会	academic background-oriented society
一流大学	prestigious university
学業成績	academic achievement
学校５日制	five-day school week
大学の学費	college tuition

課外授業	extracurricular activities
中間試験	midterm exam
期末試験	term-end exam
合格通知	acceptance letter
制服規定	uniform code
青年期	adolescence
男女共学	co-education
教育補助金	education subsidy
野外研究	field study
文化教養	cultural literacy
識字率	literacy rare
必須科目	required subject
選択科目	elective subject
授業の登録	class enrollment
専門学校	vocational school
通信教育	distance learning
代講講師	substitute teacher
教育免許状	teaching certificate
英才教育	special education for gifted students
丸暗記	rote memorization
講義型クラス	lecture-oriented class

Exercise 8

You have **one minute** to prepare.

This is a story about a family that moved to the countryside from an urban area.
You have **two minutes** to narrate the story.

Your story should begin with the following sentence:
One day, a man was at home with his family.

Questions

No.1 ▶ Please look at the third picture. If you were the woman, what would you be thinking?

No.2 ▶ Which do you think is better, renting a place to live or buying your own home?

No.3 ▶ Why do you think many young people leave the countryside to work in the city?

No.4 ▶ The problem of loneliness among elderly people has become a topic for discussion for the past several decades. Do you think it is a good idea for three generations to live in the same house?

モデル・ナレーション

77

1 One day, a man was at home with his family. He told his spouse that he couldn't stand crowded commuter trains every day. Meanwhile, she said that she wanted to move to the countryside, complaining about air pollution in the city. Their children hardly played outside and were addicted to computer games.

訳 ある日、男性が家族と家にいました。彼は妻に、毎日の混雑した通勤電車に耐えられないと告げました。同時に、妻は都会の大気汚染に不満を言いながら、田舎に引っ越ししたいと言いました。子どもたちはほとんど外で遊ばず、コンピューターゲームにのめりこんでいました。

攻略法 ポイントは「男性は通勤電車が耐えられない」、「妻は大気汚染が嫌で田舎に引っ越したい」、「子どもが家でゲームに夢中」の3点です。1コマ目のネガティブポイントは、3コマ目の田舎生活を楽しむ様子と対照的です。ここでしっかり都会生活のマイナス面を表現しましょう。下線部のバリエーションとして、be hooked on the Internet（ネットにはまる）、be absorbed in reading（読書にふける）、get wrapped up in the work（仕事に没頭する）も覚えておきましょう。

2 A month later, the family were moving to a new home in the countryside. After greeting a neighbor, the woman told her that her family was tired of the city life.

訳 1か月後、家族は田舎の新しい住まいに引っ越ししていました。近所の人に挨拶したあと、女性は家族みんなが都会生活に疲れたと言いました。

攻略法 ポイントは「家族が田舎に引っ越す」、「都会の生活に疲れたと話す」の2点です。下線部の他のバリエーションbe fed up with ～（～にうんざりする）、get sick of ～（～に飽き飽きする）は重要で、運用できると会話力がグーンとアップします。練習してどんどん使っていきましょう！ また、after agreeing ～がつなぎ言葉として重要です。

3 **A few months later**, their children were playing outside, and the wife was picking vegetables in the garden. They all seemed to be enjoying themselves in the new environment.

訳 数か月後、子どもたちは外で遊んでいて、妻は菜園で野菜を摘み取っていました。彼らは全員、新しい環境で楽しんでいるように見えました。

攻略法 ここでは「子どもたちが元気に外で遊んでいる」、「妻が野菜を採って楽しんでいる」の2点を確実に表現します。ここはandでつないでいますが、while（一方）でつなぐこともできます。「野菜を摘む」はpick vegetablesですが、pickは、このほかにpick a card（カードを選ぶ）、pick one's words（言葉を慎重に選ぶ）なども重要な使い方です。下線部はenjoying their new life in the countryside（田舎での新生活を楽しむ）、spending a great time in nature（自然の中ですばらしい時間を過ごす）にも言い換え可能です。

4 **Six months later**, their son received a phone call from his friend living in the city. The son told his friend that his family was enjoying their new life in the countryside, **but** it was sometimes troublesome to go to a public library, which was a two-hour bus ride from his house.

訳 半年後、息子は都会に住んでいる友人から電話を受けました。息子は友人に、家族が田舎生活を楽しんでいると告げましたが、しかし、ときどき公立図書館に行くときにバスで2時間かかり面倒だと話しました。

攻略法 ラストは、「図書館が遠くてバスで2時間もかかる」という田舎生活のマイナスポイントを述べます。せっかく家族は田舎で満足していたのに、不便なところも出てきたことをコントラストを示す つなぎ言葉 butでうまくまとめています。a two-hour bus ride（バスで2時間の乗車）も重要です。

合格解答とポイント

No.1 ▶ Please look at the third picture. If you were the woman, what would you be thinking?
(3番目の絵を見てください。あなたが女性だとしたら,何を考えていますか)

合格解答

I'd be thinking, "It's wonderful to pick vegetables in our garden. This is exactly what I wanted to do when I was living in the city. I'm glad that my children now play outdoors instead of playing computer games at home." **42 words**

ここを押さえて!

①「イラスト3番目の女性の気持ち」を問う問題。

② 嫌いだった都会を離れ、今では田舎生活を楽しむ幸せ一杯な気持ちを表現しましょう。**合格解答**のようにイラストの具体例「菜園で野菜を収穫」、「子どもが元気で外で遊んでいる」を挙げ、肯定的に答えましょう。

③ 下線は「これはまさに私がしたかったことです」。I'm glad that ～(～してうれしい)、A instead of B (Bの代わりにA) は重要ですので、使えるようにしておきましょう。

No.2 ▶ Which do you think is better, renting a place to live or buying your own home?

（家を借りるのと持ち家を買うことと、どちらがよいと思いますか）

合格解答

I think it is better to buy my own home. If not, I will have to pay the rent for the rest of my life. Also, I may suffer financially after retirement because of a much smaller pension than the salary I receive before retirement. **46 words**

ここを押さえて！

①「家を買うか借りるか、どちらがよいか」を問う問題。

② 上の**合格解答**のように買うほうに賛成であれば、「家を買わなければ、一生家賃を支払う」、「退職後、前の給料よりはるかに安い年金で経済的に苦しむ」のように理由を2つ挙げましょう。

③ これに対して、借りるほうに賛成ならば、I don't want to live in the same house for the rest of my life.（一生、同じ家に住みたくない）、I don't want to be bound by decades-long mortgage payment.（数十年に及ぶ住宅ローンに縛られたくない）などが挙げられます。be bound by ～（～に束縛される）。

No.3▶ Why do you think many young people leave the countryside to work in the city?
(どうして多くの若者は、田舎を離れて都会で働くのだと思いますか)

合格解答

I think it's because there are fewer job opportunities in the countryside than in urban areas. In general, many young people are attracted to jobs in the service industry which are <u>readily available</u> in the city. **37 words**

ここを押さえて!

① 「どうして若者は田舎を離れて都会で働くのか」 を問う問題。

② **合格解答**のような一般的な理由 「都会のほうが仕事の機会が多い」や、「若者が好きなサービス産業の仕事は、都会のほうが得やすい」など2つの理由を挙げて満点解答。

③ ここで注意! 例えば 「田舎は住みにくい」「田舎には魅力はない」のような質問と関係のない個人的な意見は適切でないので、避けましょう。あくまでも一般論に徹してください。
下線部は The tickets are readily available online.(チケットはネットですぐ手に入る) のようにも使える重要表現です。

No.4▶ The problem of loneliness among elderly people has become a topic for discussion for the past several decades. Do you think it is a good idea for three generations to live in the same house?

（高齢者の孤独の問題は過去数十年にわたって議論されてきました。3世代が同じ家で暮らすのはよい考えだと思いますか）

合格解答

Yes. It is because living in the same house can help people develop tolerance for each other and bring them economic benefits by sharing household expenses as well. **28 words**

ここを押さえて！

①「3世代がいっしょに暮らすのはよいか」を問う問題。

② Yesであれば、その理由として「お互いが辛抱強くなる（寛容になれる）」、「家計の出費を共有することで、経済的な恩恵をもたらす」、などが挙げられます。develop tolerance（寛大な気持ちを養う）、economic benefits（経済的な利益）、household expenses（家計の出費）は覚えておきましょう。

③ Noの意見としては、ジェネレーションギャップにより家族同士がお互いを干渉し合う（interfere with each other because of generation gaps）、頻繁に衝突してしまう（cause frequent conflicts）などを挙げるのがよいでしょう。

面接で役立つボキャブラリー 結婚・家庭生活

核家族	nuclear family
拡大家族	extended family
共働き家族	double-income family
家事	household chores
子育て・親業	parenting
男女の役割	gender role
養子縁組	adoption
生みの親	biological parent
里親	foster parent
一家の稼ぎ手	breadwinner
専業主婦	full-time homemaker
母子家庭	single-mother family
女性の社会進出	women's career advancement
子ども手当	childcare allowance
父親産休	paternity leave
男女別姓制度	separate surname system
男性優位社会	male-dominant society
子の親権	child custody
家族の絆	family ties
鍵っ子	latchkey child
婚活	spouse hunting
晩婚	late marriage
代理母	surrogate mother
結婚記念日	wedding anniversary
浮気をする	have an affair
保育所	day-care center
公共料金	utility charges
家電製品	household appliance
料理道具	cooking utensil
コインランドリー	Laundromat
ベビーカー	baby carriage [stroller]
使い捨て紙オムツ	disposable diaper
おしゃぶり	pacifier
折りたたみイス	folding chair
二段ベッド	bunk bed
段ボール箱	cardboard box
粘着テープ	adhesive tape
殺虫剤	insecticide
消火器	fire extinguisher
消火栓	fire hydrant
蛇口	faucet
排水管	drainage
瞬間湯沸し器	instantaneous water heater
体重計	weight scale
双眼鏡	binoculars
生鮮食品	perishable food
レトルト食品	boil-in-the-bag food
賞味期限	expiration date
食べ残し	leftovers

Exercise 9

You have **one minute** to prepare.

This is a story about an elderly man who retired from his company.
You have **two minutes** to narrate the story.

Your story should begin with the following sentence:
One day, a company was holding a retirement party for its retiring elderly employees.

Questions

No.1▶ Please look at the fourth picture. If you were the man, what would you be thinking?

No.2▶ How should we deal with the super-aging society?

No.3▶ Will it become more common for people to live with their aging parents in the future?

No.4▶ Senior citizens possess vast wisdom and experience, but their contributions are sometimes overlooked in society. Does society do enough to make use of the knowledge and experience of senior citizens?

モデル・ナレーション

1

One day, a company was holding a retirement party for its retiring elderly employees. One man received a large bouquet from his co-workers. He told them that he would finally be relieved from his heavy workload at the office and could relax at home from tomorrow. He looked very happy to retire from the work he had long been engaged in.

訳 ある日、ある会社が、退職する社員のために退職祝いパーティーを開いていました。1人の男性が同僚たちから大きな花束を受け取り、やっと職場のきつい仕事から自由になり、明日から家でゆっくり過ごせると言いました。彼は長いあいだ勤めた仕事を退職できて幸せそうでした。

攻略法 「男性は退職する」、「その後は家でのんびり過ごしたい」 の2点がポイント。「仕事から解放される」 は be relieved from ～で表現できます。最後の be engaged in ～ （～に従事する） は、He has been engaged in research activities for many years.（彼は研究活動に長期にわたって従事している）のように使う重要表現です。bouquet（花束） の発音もチェック。

2

A few months later, he was at home sitting around doing nothing but watching TV. He seemed to enjoy relaxing at home, but his wife got very concerned about his lazy lifestyle and advised him against idling away at home all day long.

訳 数か月後、彼は家でゴロゴロ過ごし、ほかに何もしないでテレビばかり観ていました。家でゆっくりできて喜んでいましたが、妻はそんな彼の怠惰な生活ぶりを心配し、一日中家でダラダラ過ごすのは止めるように忠告しました。

攻略法 ここでは 「男性が家でゴロゴロしている」、「妻が心配して、男性に忠告する」 の2点をしっかり表現します。「ブラブラ・ゴロゴロと時間を過ごす」 は sit around [idle away] です。下線部は吹き出しのセリフをグレードアップした表現で、ほかに advised him to change his passive lifestyle into an active life（消極的なライフスタイルを活動的なものに変える）とも言えます。3行目の got concerned（心配になった） のような 【人物の感情描写】 も必須です。

3 **That afternoon, when he went outside, he ran into his former colleague who also retired from work with him. He was surprised to hear that the man was volunteering at the tourist information desk for the local community. The colleague told him to join in the activity.**

訳 その日の午後、彼は外に出たとき、偶然にも彼と同じときに退職した前の同僚にばったり会いました。彼はその同僚が地域のために観光案内所でボランティアをしていることを聞き、驚きました。男性は彼も参加してみないかと声をかけました。

攻略法「偶然に前の同僚に出会う」と「ボランティア活動に誘われる」の2つがポイント。run [bump] into～（～に偶然に出会う）は、運用レベルまで練習しておきましょう。ナレーションでは、コマ内に指定されたつなぎ言葉（ここではThat afternoon）を必ず使います。提示されるつなぎ言葉は、ほかにA few days later、The following weekなど【時の経過】を表すものが非常に多いのですが、これらを上手に活用して時系列の話の展開（chronological development）を常に心がけましょう。

4 **A month later, he was giving information about sightseeing spots in the town to some tourists coming to the information desk. He found the volunteer work enjoyable and soul-enriching. His spouse looked very happy that he stopped wasting his time goofing around at home.**

訳 1か月後、彼は観光案内所を訪れた観光客に町の観光スポットの情報提供を行っていました。彼はボランティア活動がとても楽しく充実していると感じました。彼の妻は夫が家でゴロゴロして時間を無駄に過ごさなくなって、大変うれしそうでした。

攻略法 ポイントは「ボランティアを始めた」、「妻も喜んだ」の2点。下線部は、[find＋目的語（人・物）＋形容詞]＝「目的語を～（形容詞）だと思う」の構文で、ほかにfind the movie entertaining（その映画がおもしろいと思う）、find the dinner very tasty（夕食がとてもおいしいと思う）のように使います。「充実する」は、ほかにrewarding（やりがいを感じる）、fulfilling（満たされる）も重要です。下線部はHe thought he could do something worthwhile to help other people.（彼はまだ誰かの役に立つことができると思った）でもOK。

合格解答とポイント

No.1 ▸ Please look at the fourth picture. If you were the man, what would you be thinking?
（4番目の絵を見てください。あなたが男性だとしたら,何を考えていたでしょうか）

合格解答

I'd be thinking, "I feel so great to help many tourists and make a contribution to our community. I just don't want to sit around doing nothing all day at home anymore." **34 words**

ここを押さえて！

①「4コマ目での男性の気持ち」を問う問題。

② 男性は退職後、何もせず家でのんびり過ごしていましたが、ボランティアに挑戦し、最後は生きがいを見つけたので、**合格解答**の「観光客の助けになり、地域にも貢献（make a contribution to our community）できて最高の気分だ」、「もう家でゴロゴロ（sit around doing nothing）していたくない」のような前向きの気持ちが適切でしょう。

③ それ以外には、「妻が喜んでくれてよかった」、「紹介してくれた元会社の同僚に感謝している」などが挙げられます。

No.2 ▶ How should we deal with the super-aging society?
（超高齢化社会に向けて、私たちはどんな準備をすべきでしょうか）

合格解答

I think that the government should build more nursing care facilities for senior citizens and increase the number of caregivers. In addition, people should join a private pension plan since the national welfare system will not be reliable in the future. 41 words

ここを押さえて！

①「超高齢化社会にどう対処していくべきか」を問う問題。

② **合格解答**の「介護施設や介護ヘルパーの数をもっと増やす」、「国の年金制度が頼りにならないので、個人年金に加入する」のような一般的な具体策を答えましょう。例を2つ挙げれば満点ゲット、1つなら3点となります。

③ nursing care facility（介護施設）、caregiver（介護士）のほかにも nursing home（老人ホーム）、pension premium（年金保険料）、pension beneficiary（年金受給者）など高齢化社会関連用語もいっしょに覚えておきましょう。

No.3▶ Will it become more common for people to live with their aging parents in the future?
（将来、年老いた親といっしょに住むことが一般的になるでしょうか）

合格解答

Yes, I think so. The number of elderly people has been increasing every year. If the government doesn't have enough resources to support senior citizens, aging parents will have no choice but to live with their children. **37 words**

ここを押さえて!

①「将来、子どもは年老いた親といっしょに住むようになるか」を問う問題。

② **合格解答**は Yes で、「毎年、高齢者が増えており、政府が十分な援助をしないならば、子どもと住むしかない」と no choice but ~ を使って表現します。

③ No ならば、In fact, the number of elderly people who live alone has been increasing.（実際、一人暮らしのお年寄りの数は増えている）、They think that they don't want to depend on their children.（子どもに頼りたくないと思っている）のような答えが挙げられるでしょう。

④ have no choice but to（～せざるを得ない）。

No.4▶ Senior citizens possess vast wisdom and experience, but their contributions are sometimes overlooked in society. Does society do enough to make use of the knowledge and experience of senior citizens?

（高齢者は膨大な知恵と経験を持っていますが、社会的にその貢献が見過ごされることがあります。社会は高齢者の知識や経験を十分に活用しているのでしょうか）

合格解答

I think so. A growing number of senior citizens join volunteer activities in their community. Some of them are even hired by local governments to help run public facilities. **29 words**

ここを押さえて！

①「社会は高齢者の知識や経験を十分に活用しているか」を問う問題。

② 解答は Yes で、「ますます多くの高齢者（a growing number of senior citizens）が地元のボランティア活動に参加している」ことを理由に挙げています。さらに、「地方自治体（local governments）に雇われ、公共施設の運営（run public facilities）を手伝っているシニアもいる」と2つ目の理由を述べて満点ゲットです。

③ 下線部は　An increasing number of ～, More and more ～（ますます多くの～）に言い換えることができます。

面接で役立つボキャブラリー 行政・高齢化

市議会	city council meeting
市役所	municipal office
地方自治体	local government
法人税	corporate tax
年金保険料	pension premium
国民皆保険	universal national insurance
厚生年金	employee pension
国民年金	national pension
年金受給者	pension beneficiary
有権者	eligible voter
投票率	voting rate
投票用紙	ballot
投票所	polling station
減税措置	tax break
脱税	tax evasion
免税	tax exemption
税収入	tax revenue
住民税	residential tax
固定資産税	fixed property tax
相続税	inheritance tax
財政政策	fiscal policy
指定区域	designated area
募金運動	fund-raising campaign
世論調査	opinion poll
慈善団体	charitable organization
定期刊行物	periodical
避難訓練	evacuation drill
防火訓練	fire drill
ビザ申請	visa application
仲介料	commission
高齢化社会	aging society
高齢者	senior citizen
介護保険	nursing care insurance
ホームヘルパー	caregiver
年金支給	pension provision
バリアフリー施設	barrier-free facility
シルバーシート	seats for elderly people
認知症患者	dementia patient
寝たきり老人	bedridden elderly people
ハローワーク	public employment office

Exercise 10

You have **one minute** to prepare.

This is a story about a restaurant owner who decided to ban smoking in his restaurant.

You have **two minutes** to narrate the story.

Your story should begin with the following sentence:

One day, a restaurant owner was at home watching TV while eating dinner.

Questions

No.1▶ Please look at the fourth picture. If you were one of the customers, what would you be thinking?

No.2▶ Do you think people should be more concerned about their eating habits?

No.3▶ Do you think that young people today are able to deal with stress effectively?

No.4▶ Most Japanese hospitals are well-known for their advanced facilities, but the quality of care sometimes sparks debate. Do you think that hospitals in Japan provide people with sufficient care?

モデル・ナレーション

1

One day, a restaurant owner was at home watching TV, while eating dinner. The news reported that there was a growing trend toward creating non-smoking restaurants in the country. He thought it was a great idea for his restaurant to get rid of the smoking area and make it smoke-free to attract more customers.

訳 ある日、レストラン経営者が、夕食を食べながらテレビを観ていました。ニュースは、国内で禁煙レストランがどんどん増えていることを伝えていました。彼はもっと客を引きつけるため、自分のレストランの喫煙席をなくし、全席禁煙にすることは非常によい考えだと思いました。

攻略法「国内で禁煙レストランが広まっている」と「レストラン経営者が自分の店も禁煙にすることを決める」の2つのポイントを必ず描写します。3行目の a growing trend toward ～（～の広まる風潮）はイラストの widespread の意味からレベルアップする表現で、ほかに a growing trend toward outsourcing IT operations（IT業務を外部委託する傾向）のように使います。

2

The next day, he put up a sign saying, "Smoking is not allowed" in his restaurant. Several business people eating meals were shocked to find the notice. He felt sorry for them, but he was confident that his business strategy would work.

訳 その次の日、彼はレストランに「喫煙禁止」の表示を貼りました。食事をしていた数名のビジネスマンは、その貼り紙を見つけてショックを受けました。彼はそれを見て申し訳なく感じましたが、このビジネス戦略はうまく行く自信がありました。

攻略法 ポイントは「タバコ禁止の実行」です。1行目「表示を貼る」は place a notice on the wall（壁に表示を貼る）とも言い換えできます。3行目の「ショックを受けた」は、このほかに got upset でもOK。最初の下線部はイラストの "No Smoking" をレベルアップした表現です。
次の下線部「自信があった」は、ほかに there was no doubt in his mind（彼に疑いの気持ちはまったくなかった）とも表現できます。

3 **A week later, contrary to his expectations, he had only a few customers at his restaurant. It was really frustrating for him.**

訳 1週間後、彼の期待に反して、レストランにはごくわずかの客しかいませんでした。彼は大変がっかりしました。

攻略法 ポイントはズバリ「オーナーの期待に反して、客が少なかった」ことです。下線部はagainst his expectations に言い換え可能で、「彼が非常に失望したことには」と言うのであれば(much) to his disappointment [dismay] とも表現できます。「見かけによらず」contrary to appearances も覚えておきましょう。

4 **A month later, however, more and more customers including women and small children started coming to his restaurant and enjoyed their meals in the smoke-free environment. He was glad that he made the right decision to provide better service to his customers.**

訳 しかし、1か月後、女性や子どもを含む多くの客がレストランに来るようになり、タバコの煙のない環境で食事を楽しみました。彼は、よりよいサービスを客に提供するための正しい決断をしたことをうれしく思いました。

攻略法 ここでは2点「多くの客がレストランに来るようになった」、「オーナーが喜んだ」を必ず描写します。下線部の -free を含む表現は重要で「～なしの（含まない）」の意味で使われ、ほかに stress-free life（ストレスなしの生活）、tax-free income（非課税所得）、admission-free concert（入場無料コンサート）、alcohol-free beer（ノンアルコールビール）、toll-free number（フリーダイヤル番号）などを運用できるようになりましょう。

合格解答とポイント

No.1 ▸ Please look at the fourth picture. If you were one of the customers, what would you be thinking?
（4番目の絵を見てください。あなたが客の一人だとしたら何を考えているでしょうか）

合格解答

I'd be thinking, "I'm so glad that nobody can smoke here at this restaurant. I hate people smoking while I'm eating. The restaurant owner has really made a good decision." **32 words**

ここを押さえて!

①「4コマ目の客の気持ち」を問う問題。

② **合格解答**にあるように、「食事中に誰もタバコを吸っていなくてうれしい」、「オーナーは正しい決断をした」のような答えや、「子どもをいっしょに連れて行ける」などの肯定的な答えが適切でしょう。

③ 下線部はほかに、It is sensible of him to ban smoking at his restaurant. / He really made a sensible [right] decision to ban smoking at his restaurant. とも表現できます。

No.2▶ Do you think people should be more concerned about their eating habits?

（我々はもっと食習慣に気をつけるべきだと思いますか）

合格解答

Definitely. These days, many people suffer from diseases caused by their bad eating habits including diabetes, obesity and high blood pressure. I think that people should have a well-balanced diet, considering the number of calories and the nutrition they consume. **40 words**

ここを押さえて！

①「もっと食習慣に気をつけるべきか」を問う問題。

② **合格解答**は Yes で、そのサポートとして「悪い食習慣が原因の病気が増えている」と述べ（3点）、さらに「バランスのとれた食事と摂取するカロリー数や栄養を考慮することが必要だ」とまとめています（満点ゲット）。

③ 下線部 Definitely は Yes よりも強く賛成する場合に使い、他のバリエーションとして Absolutely にも言い換えが可能です。well-balanced diet（バランスのとれた食事）、stay in shape（健康を維持する）、diabetes（糖尿病）、obesity（肥満）、high blood pressure（高血圧）などの表現もとっさに使えるレベルにしておきましょう。

No.3 ▶ Do you think that young people today are able to deal with stress effectively?

（最近の若者は効率よくストレスに対処していると思いますか）

合格解答

Yes, I think so. Compared with adults, many young people today know effective ways to deal with their stress. For example, they listen to music, play sports, or have a chat with their friends to relieve their stress. **38 words**

ここを押さえて！

① 「若者は効果的にストレスに対処しているか」を問う問題。

② **合格解答**は Yes でいくのであれば、「大人と比べれば、効果的に対処している」と答え（平均点）、その例を挙げていきます（満点）。「ストレスを解消する」は、relieve [release] stress、や「（主にスポーツで）発散する」work off stress。また、No でいくのであれば、若者のあいだで精神病（mental illness）が増大していることなどを挙げて、対処できていないことを証明していきます。

③ その他のストレス発散法としては、socialize with friends with social media（SNS で友人と交流する）、hang out with friends（友人と出かける）などが挙げられるでしょう。

No.4▶ Most Japanese hospitals are well-known for their advanced facilities, but the quality of care sometimes sparks debate. Do you think that hospitals in Japan provide people with sufficient care?

（ほとんどの日本の病院は、その先進的な設備でよく知られていますが、医療の質については時に議論が巻き起こります。日本の病院は十分なケアを提供していると思いますか）

合格解答

No, I don't think so. Hospitals in Japan have a bad reputation for their long-waits and short medical examinations. There are also many cases of malpractice including misdiagnosis and overmedication. **30 words**

ここを押さえて！

①「日本の病院は患者を十分にケアしているか」を問う問題。

② **合格解答**は No で、「長時間待たされ、診察の時間は短い」、「医療事故や診断ミス、過剰投薬も多い」のような例を挙げてサポートしています。2行目の「評判が悪い（bad）」は notorious で言い換えるとさらに表現力アップです。

③ malpractice（医療過誤）、misdiagnosis（誤診）、overmedication（過剰投薬）は重要なので覚えておきましょう。Yes の場合は、その理由として、（日本の病院は）よく整備されている（well-equipped）、医者の技術が高い（doctors are highly-skilled）、（医療スタッフが）親切でよく気がつく（supportive and responsive）などを述べるとよいでしょう。

面接で役立つボキャブラリー 健康・医療

生活習慣病	lifestyle related disease
食習慣	eating habit
バランスのよい食事	well-balanced diet
長寿食	macrobiotic food
高血圧	high blood pressure
体脂肪率	body fat percentage
肥満	obesity
糖尿病	diabetes
脳卒中	stroke
心臓発作	heart attack
食中毒	food poisoning
虫歯	cavity
花粉症	hay fever
熱中症	heat stroke
慢性疲労	chronic fatigue
心の病気	mental illness
精神科医	psychiatrist
うつ病	depression
不眠症	insomnia
医療過誤	malpractice
健康を害するもの	health hazard
カロリー摂取	calorie intake
副作用	side effect
服用量	dosage
二次喫煙	secondhand smoking
分煙	separation of smoking and non-smoking
医療費	medical cost
車イス	wheelchair
担架	stretcher
盲導犬	Seeing Eye dog
輸血	blood transfusion
健康診断	medical [health] check-up
自然治癒力	natural healing power
毎日の運動	daily work-out
慢性の痛み	chronic pain
栄養補助食品	food supplement
心身の発育	physical and mental development
献血	blood donation
予防接種	vaccination
医者不足	doctor shortage
平均寿命	average life span
応急手当	first aid
医学的診断	medical diagnosis
延命装置	life-support equipment

Exercise 11

You have **one minute** to prepare.

This is a story about a city hall employee who was helping improve traffic congestion in the city.
You have **two minutes** to narrate the story.

Your story should begin with the following sentence:
One day, a City Hall employee was holding a meeting with his co-workers.

Questions

No.1 ▶ If you were the man in the fourth picture, what would you be thinking?

No.2 ▶ Would the introduction of stricter laws improve road safety?

No.3 ▶ Do you think that people would be willing to pay higher taxes to get better public services?

No.4 ▶ Japan's low birthrate in the stagnant economy has often become a topic for discussion. Should the Japanese government do more to increase its birthrate?

モデル・ナレーション 

1 **One day, a City Hall employee was holding a meeting with his co-workers. One of the workers said, "Traffic congestion is getting worse and worse in the city." The man was pointing at a graph that showed an increasing level of traffic jams. He said something should be done about it.**

訳 ある日、市役所の職員が同僚たちと会議を行っていました。1人の職員が町の交通渋滞がますます悪化していると告げ、男性は交通渋滞が増えている事を示すグラフを見せながら、何か策を講じなければならないと言いました。

攻略法 ポイントは「交通渋滞が悪化している」、「どうにか解決したい」の2点です。イラストの英語表記（Traffic congestion getting worse）を活用することで話が組み立てやすくなります。「グラフ」のバリエーションとして、pie chart（円グラフ）、bar chart（棒グラフ）も覚えておきましょう。下線部に関連して、come up with effective solutions（効果的な解決策を見出す）、address this problem「この問題に取り組む」などの表現も非常に重要です。

2 **A month later, in front of the city hall, the man and his colleagues were giving out leaflets to promote no-car day for the weekend and encouraged people to use public transportation instead of their own cars.**

訳 1か月後、市役所の前で、彼とその同僚たちは週末ノーマイカーデーのチラシを配り、車を使わずに公共の交通機関を利用するように呼びかけました。

攻略法 ここでは「週末のノーマイカーデーを知らせるチラシを配った」、「市民に公共の交通機関を使うことを勧めた」ことをしっかり描写します。「配る」はgive out 以外の hand out printouts（プリントを手渡す）、distribute handouts（資料を配布する）も重要です。encourage＋人＋to 不定詞は「人に～するように勧める・働きかける」を表す重要表現で、encourage people to attend the seminar（セミナー参加を呼びかける）、encourage people to visit the website（ウェブサイトにアクセスするように促す）のように、ぜひとも運用レベルにしましょう。

3 **On the weekend, highways and streets were running very smoothly without traffic jams. He was pleased that the no-car day campaign really worked.**

訳 その週末、幹線道路や街路はスムーズで交通渋滞もなく、彼はノーマイカーデーのキャンペーンがうまく行ったことを喜びました。

攻略法「交通渋滞が改善した」と「キャンペーンが成功した」の2つを必ず表現します。ナレーションでは、コマ内に指定されたつなぎ言葉（ここではOn the weekend）を活用し、時系列の話の展開（chronological development）を常に心がけましょう。「うまく行く」は、例文にあるようにwork一語で十分表現できます。このほかにwork out well、さらにThe campaign made a big difference.（キャンペーンは大きな効果をもたらした）も便利な表現です。とっさに使えるように練習しておきましょう。

4 **However, he was told by a woman in front of the station that trains and buses got extremely crowded with so many passengers. She also complained that there was not enough parking space for bicycles.**

訳 しかし駅で、男性はある女性に、電車やバスが多くの乗客であふれ大変混雑していると告げられました。さらに、彼女は自転車の駐輪所もスペースが足りないと不満をこぼしました。

攻略法「電車やバスが大変混雑した」と「自転車置き場の不足を指摘された」の2つがポイント。Howeverはbutに比べ、逆接をより強調するので、聞き手の注意をさらに引くことが可能です。3コマ目でノーマイカーデーがうまく行ったのに、最後は新たな問題が提起されてしまうので、このようなどんでん返しの状況にぴったりです。「混雑する」は、ほかにjammed with commuters（通勤客でギュウギュウ詰め）、overcrowded with customers（客でごった返す）、flooded with soccer fans（サッカーファンがどっと押し寄せている）なども、状況がすぐ目に浮かぶような表現力豊かな重要表現です。

合格解答とポイント

No.1 ▶ If you were the man in the fourth picture, what would you be thinking?
(あなたが4番目のイラストの男性だとしたら，何を考えているでしょうか)

合格解答

I'd be thinking, "The no-car day campaign helped improve the traffic congestion, but now we have to deal with problems related to bicycles and public transportation." 26 words

ここを押さえて!

① 「4コマ目の男性の気持ち」を問う問題。

② 交通渋滞を緩和するためのノーマイカーデーは成功しましたが、その一方で、電車は混雑し、駅の駐輪所も一杯で停められないという新たな問題に直面している場面です。

③ **合格解答**にあるように「交通渋滞は改善したが、今度は自転車や交通機関の問題に対処すべきだ」や、ほかには「一難去ってまた一難だ」（Out of frying pan into the fire.）の表現を使うのもよいでしょう。

No.2▶ Would the introduction of stricter laws improve road safety?
（もっと厳しい法律の導入は道路の安全状態を改善するでしょうか）

合格解答

Yes, I think so. Stricter regulations or more severe punishment will discourage speeding and drunk driving. People will drive a car at a slower speed and refrain from drunk driving for fear of getting tickets. This will definitely contribute to road and public safety. **44 words**

ここを押さえて！

① 「もっと厳しい法律が道路の安全を向上させるか」を問う問題。

② **合格解答**は Yes で、その理由は、「より厳しい法律や罰則は、スピード違反や飲酒運転を思いとどまらせる」と、「違反切符を切られるのを恐れて、運転スピードを落とし、飲酒運転を慎む」の2つを挙げています。 理由2つで満点ゲット！

③ 下線部（discourage）は、ほかに discourage investment（投資を阻む）、discourage students from studying hard（生徒が一生懸命勉強する意欲を失わせる）のように使う重要表現です。ぜひとも運用できるようになりましょう！

No.3► Do you think that people would be willing to pay higher taxes to get better public services?
（より充実した公共サービスを得るために、もっと高い税金を進んで支払うと思いますか）

合格解答

No, I don't think so. In general, people are against higher taxes because they think that the government will waste tax revenues. They don't think that the money will be spent wisely for the improvement of services such as education and welfare. **42 words**

ここを押さえて！

① 「よりよい公共サービスのために、さらに高い税金を意欲的に払うか」を問う問題。

② **合格解答**はNoで、その理由として「一般的に政府が税収を無駄に費やしてしまうと思っている」、「お金が、教育や福祉などのサービス改善に効果的に使われるとは思われていない」の2つを挙げています。 理由2つで満点ゲット！

③ 1つだけだと3点程度に留まってしまうので、合格に一歩でも確実に近づくため本書をしっかりと学習して、理由は2つ言えるように今から練習しましょう！

Q

No.4▶ Japan's low birthrate in the stagnant economy has often become a topic for discussion. Should the Japanese government do more to increase its birthrate?

（経済が低迷する中、日本の少子化がしばしば話題になっています。日本政府は出生率を上げるためにもっと努力すべきですか）

A

合格解答

Yes, I think so. The birthrate in Japan has been declining and is negatively affecting the Japanese economy. The government should build more child-care facilities and provide financial support for married couples with children. **35 words**

ここを押さえて！

① 「政府はもっと子どもを持つように働きかけるべきか」 を問う問題。

② **合格解答**は Yes です。理由は 「出生率が低下していて、日本経済に悪い影響を与えている」 ためで、続けて 「政府はもっと託児所を作り、子どものいる夫婦を経済的に援助すべきだ」 まで答えれば、満点解答です。

③ ほかの理由としては 「子どもが少なくなると税金を支払う人 （tax payers） が少なくなり、税収が減り、経済力がなくなり （dampen economy）、福祉サービス （welfare system） も維持できなくなる」 などが挙げられます。

面接で役立つボキャブラリー 環境

生態系	ecosystem
温室効果ガス	greenhouse gas
二酸化炭素排出量	CO_2 emissions
再生可能エネルギー	renewable energy
環境保護	environmental protection
3R（スリーアール）	3Rs (reduce, reuse, recycle)
温室効果	greenhouse effect
二酸化炭素	carbon dioxide
化石燃料	fossil fuel
干ばつ	drought
熱波	heat wave
異常気象	abnormal weather
砂漠化	desertification
降水量	precipitation
森林破壊	deforestation
絶滅危惧種	endangered species
自然生息地	natural habitat
食物連鎖	food chain
自然保護区	nature reserve [sanctuary]
食物連鎖	food chain
熱帯雨林	tropical rainforest
節電対策	energy saving measures
ゴミ処理	garbage disposal
埋め立てごみ、ごみ処理場	landfill
産業廃棄物	industrial waste
化学肥料	chemical fertilizer
土壌浸食	soil erosion
過剰包装	excessive packaging
マイバッグ	eco-bag / reusable bag
待機電力	standby electricity
燃費のよい車	energy-efficient [economical] car
環境に優しい製品	eco-friendly product
持続可能な開発	sustainable development
排ガス規制	emission control
電気自動車	electric car
停電	blackout [power failure]
有害物質	toxic substance
汚染物質	pollutant
土壌汚染	soil contamination
不法投棄	illegal dumping of waste

Exercise 12

You have **one minute** to prepare.

This is a story about a man whose company recently introduced a performance-based pay system to increase profits.

You have **two minutes** to narrate the story.

Your story should begin with the following sentence:

One day, a man was at the meeting with a board of directors of his company.

Questions

No.1▶ Please look at the third picture. If you were one of the executives, what would you be thinking?

No.2▶ Do you think that salary is the most important factor when choosing a career?

No.3▶ Do you think that the gap between rich and poor in society will get bigger?

No.4▶ In Japan, many workers are transferred to other locations, leaving their families behind in different places. What do you think about employees who are forced to move to other places, living apart from their families?

モデル・ナレーション

1 **One day, a man was at the meeting with a board of directors of his company.** They were talking about the company's sales figures and decided to abolish the seniority system and introduce the performance-based pay system in order to increase their profits.

訳 ある日、男性が会社の重役たちと会議に出席していました。彼らは売上高について話し合っており、会社の収益を上げるために年功序列制度を廃止して能力給制度を取り入れることを決めました。

攻略法 この会社が「年功序列制（seniority system）から能力給制度（performance-based pay system）を導入する」という大きな決定をしたことがポイント。 introduce は「（システム・政策などを）導入する」という意味で、introduce the new computer system（新しいコンピューターシステムを導入する）のように使われます。board of directors（重役・取締役会）も覚えておきましょう。

2 The next week, all employees **got motivated** to work harder, because they thought they could earn a higher salary based on their job performance under the merit system. They got excited and said that their salary and bonus would increase by fifty percent.

訳 その次の週、社員は全員、ますます頑張って仕事する意欲にあふれていました。なぜなら、能力給制では仕事の成果に基づき給料が増えるかもしれないからです。彼らは興奮して給料とボーナスが 50%アップすると言いました。

攻略法「社員のモチベーションが非常に上がっている」と「給料が50%アップする」がポイント。下線部の「意欲が上がっている」は had extremely high motivation（モチベーションが非常に高くなっていた）とも言い換え可能です。3行目 job performance（仕事ぶり・業績）は重要で、ほかに evaluate his job performance（彼の仕事ぶりを査定する）のように使います。イラストにある吹き出しは、4行目のように必ずナレーションに組み込みましょう。

3 **A few months later, at the board meeting, one executive was pointing at a bar chart that showed a sharp increase in the company's sales figures. The man felt proud to have devoted extra hours to his sales work. The executives were very satisfied with the results.**

訳 数か月後の役員会議で、幹部の一人が、会社の売り上げ急増を示すグラフを見せていました。彼は売り上げを伸ばすために時間外労働をしたことを誇りに思いました。重役たちはその結果に非常に満足しました。

攻略法 ポイントは「（能力給制のおかげで）会社の売り上げが大幅に伸びた」こと、「彼が仕事を頑張った」ことの2点です。3行目のsharp increase は dramatic [substantial] increase に言い換えが可能。そのほかに「売上げが大幅に増加した」とするなら、The sales figures increased significantly [dramatically, sharply]. と言えます。significantly（著しく・大幅に）は英語の表現力をグーンとアップさせてくれる副詞です。下線部の put in extra hours（時間外労働する）は work overtime、work after hours に言い換え可能。

4 **On the payday, he opened his pay slip and was delighted to receive a fifty percent pay raise. On the other hand, another man was shocked to find that he wasn't paid for his hard work due to the lack of improvement in his sales performance. He was so depressed and thought it was unfair not to get a raise.**

訳 給料日、彼は給与明細を開き、50%アップした給料を受け取り、非常に喜びました。その一方で、もう一人の男性は営業成績が改善しなかったために重労働が報われず、ショックを受けました。彼は落胆し、昇給がないのは不公平だと思いました。

攻略法 ポイントはズバリ「男性は給料がアップ」、「もう一人は上がらなかった」ことです。このような対照的な状況は、下線部 on the other hand（それに対して、その一方で）が適しています。「昇給する」は get a raise 以外に、get a salary increase でもOK。また、income disparity [gap]（所得格差）、widen the gap（格差を広げる）、narrow the gap（格差を縮める）も大変重要です。いっしょに覚えて表現力をアップさせましょう。

合格解答とポイント

No.1 ▶ Please look at the third picture. If you were one of the executives, what would you be thinking?
（3番目の絵を見てください。あなたが幹部の一人だとしたら、何を考えているでしょうか）

合格解答

I'd be thinking, "I'm so glad that we abolished the seniority system and introduced the performance-based pay system. Our employees are now highly motivated and work harder. Our profits will further increase in the future." **37 words**

ここを押さえて！

① 「3コマ目での幹部の考え」を問う問題。

② 能力給を導入したおかげで、社員のモチベーションが上がり、結果的に売り上げも急増したので、**合格解答**の「年功序列を廃止して（abolish the seniority system）能力給制（the performance-based pay system）を導入してよかった」、「これからますます利益が上がるだろう」という肯定的な気持ちが適切でしょう。

No.2 ▶ Do you think that salary is the most important factor when choosing a career?

（仕事を選ぶ時は、給料が最も重要な要素だと思いますか）

合格解答

Yes. How much money you earn is very important for you to live a decent life. Most people can't have the career of their dreams. Still, they can enjoy their private lives if they're well-paid. **36 words**

ここを押さえて！

①「仕事を選ぶときに、給料はいちばん重要か」を問う問題。

② **合格解答**は Yes で、「まともな生活をする（live a decent life）のに重要だから」、と理由を1つ述べています（ここで平均点）。さらに、「ほとんどの人は夢に描いた仕事には就けないが、給料がよいと、私生活は楽しめる」と続けて満点です。

③ 下線部（decent）は、ほかに decent job（人並みの仕事）、decent education（人並みの教育）のように使う重要単語です。No の場合は、job satisfaction（仕事の満足感）や a sense of fulfillment（充実感）、good interpersonal relationships（よい対人関係）が重要で、「それがないと結局ストレスで参ってしまう（end up stressed out）」のような答えが適切でしょう。

Q

No.3 ▶ Do you think that the gap between rich and poor in society will get bigger?

（お金持ちと貧乏の格差はこれからもっと大きくなると思いますか）

A

合格解答

Absolutely. Our society is becoming more and more competitive due to the increasing globalization. Under such circumstances, <u>it's often pointed out that</u> there will be more losers and fewer winners, which will widen the income gap between them. 35 words

ここを押さえて！

① 「貧富の差はさらに大きくなるか」 を問う問題。

② **合格解答**は Yes で、その理由として① 「社会は一層のグローバル化のため、ますます競争が激しくなっている」 を挙げ、さらに② 「勝者が少なく敗者が増え、そのことで所得格差は益々大きくなるだろう」 とサポートして満点の解答となります。理由2つで満点ゲット! ①だけだと3点。

③ 下線部のit's often pointed out that ....（～はよく指摘される）は、It is said that ....（～だと言われている）と共に 「一般論」 を展開するのに重要です。瞬時に使えるように練習しておきましょう。under such circumstance（そのような状況において）も重要。

No.4▶ In Japan, many workers are transferred to other locations, leaving their families behind in different places. What do you think about employees who are forced to move to other places, living apart from their families?

（日本では多くの労働者が転勤になり、家族は違う場所に残されています。地方に転勤を命じられ、家族と離れて暮らす会社員をどう思いますか）

合格解答

I feel sorry for them, but it is a common corporate practice that they have to follow. One of the reasons behind their living away from their families is that they're concerned about their children's education. Another reason is that their spouse or children are reluctant to move to a distant place. **53 words**

ここを押さえて！

①「転勤して、家族と離れて暮らす社員をどう思うか」を問う問題。

② **合格解答**は、まずは気の毒に思う（自分の考えを述べる）と答えてから、それは社員が従うべき、一般的な会社の慣習（corporate practice）であると述べています。それから単身赴任となる理由を述べなくてはなりません。1つ目は「子どもの教育が気がかりなため」（be concerned about their children's education）で、実際、子どもが転校して学業に影響することを懸念する親は多いでしょう。2つ目は、「妻や子どもが遠い転職先に行きたくない」で、理由が2つとなり、満点解答です。 理由2つで満点ゲット!

③ be reluctant to ～（～するのに気がすすまない）。

面接で役立つボキャブラリー ビジネス・経営

役員会議	board meeting	小売店	retail outlet
司会者	chairperson	欠陥商品	defective product
会議の議題	meeting agenda	注文処理	order processing
営業ノルマ	sales quota	内線番号	extension number
売上目標	sales target	掲示板	bulletin board
販売実績	sales performance	事務用品	office supplies
見込み客	prospective customer	株主総会	shareholders' meeting
社内報	in-house newsletter	組立工場	assembly plant
服装規定	dress code	運送費	shipping cost
出願日	filing date	委託販売	consignment sale
頭金	down payment	大量購入割引	bulk discount
電信振込	wire transfer	定価	list price
送金	remittance	下取り価格	trade-in price
分割払い	installment payment	棚卸し	inventory taking
一括払い	lump-sum payment	維持費	running cost
証券会社	securities company	展示会	trade fair
税理士	tax accountant	忘年会	year-end party
手数料	handling charge	親睦会	get-together
普通預金口座	checking account	歓迎会	welcome party
商取引	business transaction	立食パーティー	buffet party
預金残高	deposit balance	起工式	groundbreaking ceremony
24時間営業	around-the-clock operation	社内ゴルフコンペ	company golf competition
口コミによる宣伝	word-of-mouth advertising		
競争価格	competitive price		

コラム

準1級二次試験受験者の合格体験記

一次試験の結果発表から面接試験までは約3週間しかありません。私の場合は、一次試験対策のときから植田先生にご指導いただき、二次面接の準備もほぼ同時進行で行うことができました。レッスンでは、4コマのナレーションを描写したあとで、不適切な表現や文法の間違いなどの徹底的な指導を受けます。それと同時に、本書にあるような面接試験でとっさに役立つ重要フレーズの特訓もしていただきました。質疑応答に関しては、まずは試験によく出るさまざまな社会問題の背景知識を学んだあと、自分の意見を論理的に、かつ簡潔に述べるトレーニングを何度も繰り返しました。

そして試験当日。私の面接は朝10時からで、会場には少し早めに到着しました。前日の夜は緊張したためかあまりよく眠れませんでしたが、駅に着いて試験会場まで歩きながら、ここまで来たら「当たって砕けろだ」と言い聞かせ、気持ちを楽にしました。面接がスタートし、4コマのナレーションが制限時間の2分よりだいぶ早く終わってしまって動揺しました。でも、なんとかその埋め合わせをしようと、質疑応答ではとにかく口数を多くし、具体的に説明することに努めました。この姿勢がアティチュードの高評価につながったのかも知れません。社会問題の応答では、レッスンで何度も特訓を受けた「環境」がテーマで、迷わず自分の意見をストレートに口にすることができました。

こうして無事に合格できたのも十分な対策を行っていたからです。とっさに英語で意見を述べるためには、日頃から社会問題に関心を持ち、自分の考えをまとめ、間違いを正しながら何度も英語を口に出す練習をすることが必要不可欠です。

（合格者 Y.S さんより）

第4章

社会問題に関する長文練習

社会問題Q＆A

102 → 135

第３章の模擬テストにトライされた方は、まだまだ自分の表現のバリエーションが足りないと感じられたのではないでしょうか。この章では近年、難易度が上がり、さらに配点上重要視されてきている社会問題についての質問に答える練習を行います。第２章の短文練習に対して、こちらは長文練習です。一から英文を組み立て、接続詞を駆使して、論理的に自分の意見・考えを言う訓練ができます。（準１級でよく出題されるテーマから質問内容を作成しています）

Unit 1 結婚・家族

このカテゴリーは「親子関係」と「ジェンダー問題」も含む重要カテゴリーなので、これらの問題に関して自分の意見をまとめておきましょう。

□□ **Q** 最近の親たちは子どもと十分な時間を過ごしていると思いますか。

□□ **A** そうは思いません。最近では共働きで夜遅く帰宅する夫婦が増えているため、子どもたちと過ごす時間が十分とは程遠いですし、子どもたちもまた塾に通い、夜遅く帰宅するようになっています。

➡ **a growing number of**
「増えつつある～」を使う

□□ **Q** 夫婦が家事を分担することについてどう思いますか。

□□ **A** 家事の分担はそれぞれの仕事の量によると思います。共働きで、夫婦が同じくらい働いている場合は、男女平等を促進するために家事を平等に分担すべきだと思いますが、一方が専業主婦（夫）の場合は、家事分担は週末のみになされるくらいが望ましいと思います。

➡ **depend on one's workload**
「仕事の量による」を使う

Marriage & Family

Q **Do you think that parents spend enough time with their children these days?**

A **I don't think so.** Nowadays, **a growing number of** working couples come back home late and spend far less time with their children than they are supposed to. Children also go to cram schools and come back home late at night.

チェック spend far less time with one's children than
～よりもはるかに少ない時間しか子どもたちと過ごさない

Q **What do you think about couples sharing housework?**

A **I think** that housework sharing **depends on their workload.** In the case of working couples with similar workloads, housework must be equally shared to promote gender equality, but in the case of full-time homemakers, housework sharing is recommended only on weekends.

チェック be equally shared to promote gender equality
男女平等を促進するために平等に分担する
full-time homemakers　専業主婦（夫）

□□ **Q** 子育てには誰がいちばん責任を持つべきだと思いますか。それはなぜですか。

□□ **A** 年齢や性別に関係なく、家で子どもと最も多く交わる人がいちばん責任を持つべきだと思います。子どもには不断の愛情や注意が必要なのであって、それが父や母、あるいは祖父母であろうと関係ないのです。

➡ **interact with**
「～と交わる」を使う

□□ **Q** 最近の親は自分の子どもに対して過保護だと思いますか。

肯定的意見

□□ **A** はい、過保護だと思います。例えば、ほとんどの親が子どもたちにGPS機能付きの携帯電話を持たせて彼らの行動を見張っていますし、子どもたちの安全を確認するためにしょっちゅう電話をかける親も多いからです。

➡ **keep an eye on**
「～を見張っている」を使う

否定的意見

□□ **A** いいえ、そうは思いません。なぜなら共働きで子どもを世話する時間が十分に取れない親が増えていて、子どもたちの多くは放課後、家でひとりで過ごすいわゆる「鍵っ子」だからです。

➡ **don’t spend enough time taking care of**
「～を世話する時間を十分に取らない」を使う

Marriage & Family

Q **Who do you think should be the most responsible for raising children? Why?**

A **I think** that the one who **interacts** most **with** the children at home should be the most responsible, regardless of age and gender. It doesn't matter whether they are fathers, mothers or grandparents because children need constant love and attention.

➡チェック regardless of age and gender　年齢や性別に関係なく

Q **Do you think parents today are too protective of their children?**

Positive answer

A **Yes,** I think they are too protective of their children. For example, most parents give them cellphones with GPS functions to **keep an eye on** them, and many of them often call their children to check and see if they are safe.

➡チェック check and see if they are safe　彼らの安全を確認する

Negative answer

A **No,** I don't think so because there is a growing number of working parents who **don't spend enough time taking care of** their children. Many of them are so-called "latchkey children" who spend time alone in the house after school.

➡チェック latchkey children　鍵っ子

結婚・家族

□□Q 最近の親たちは子どもを育てることに大きなプレッシャーを感じていると思いますか。

➡ mixed answer が望ましいパターン

□□A そうとも言えますし、そうでないとも言えます。出生率の低下により今日の親たちの大半は子どもを１人しか育てないため、以前ほどプレッシャーを感じていませんが、しかし同時に、子どもを立派に育て上げることに関しては大きなプレッシャーを感じている親が多いからです。

➡ **bring up one's children to become successful**

「子どもを立派に育て上げる」を使う

□□Q 最近の子どもは親の言うことを聞かなくなりましたか。

□□A はい。昔の親たちはもっと厳しく、言うことを聞かない子どもには罰を与えましたが、この頃では西洋の自由主義と民主主義の影響が強く、子どもに対し親が以前ほど権威もしつけの力も持たなくなりました。

➡ **have much less authority and disciplinary power over**

「～に対して権威やしつけの力が弱くなる」を使う

Marriage & Family

Q Do you think that parents today feel a lot of pressure when bringing up their children?

A **Yes and no.** Due to declining birthrates, a large majority of parents today feel less pressure than before by taking care of only one child, but at the same time many parents feel great pressure to **bring up their children to become successful.**

チェック feel less pressure than before　以前ほどプレッシャーを感じない
declining birthrates　出生率の低下

Q Do children obey their parents less these days?

A **Yes.** Parents used to be stricter and punish their children for disobeying them, but nowadays, parents **have much less authority and disciplinary power over** their children under the strong influence of western liberalism and democracy.

チェック under the strong influence of western liberalism and democracy
西洋の自由主義と民主主義の強力な影響のもとで

Unit 2 スポーツ・旅行・レジャー

いずれも「国際交流」との関連が重要で、特にスポーツは、「人格形成」との関係という点で教育の分野とも関連してくるので非常に重要です。

□□ **Q** **最近、国内よりも海外で休暇を過ごす日本人が多いのはなぜだと思いますか。** ➡ 理由を2つ述べるとよい

□□ **A** この傾向には２つの理由があると思います。１つは外国文化や異郷の地への人々の興味をかき立てるメディアの影響です。もう１つの要因は、多くの人々が海外旅行をする余裕のある日本社会の豊かさです。 ➡ **stimulate people's curiosity about foreign cultures**
「外国文化への人々の興味をかき立てる」を使う

□□ **Q** **海外にショッピングをしに行く日本人が多いことについてどう思いますか。** ➡ ダブル・メリットを述べるとよい

□□ **A** それは日本人にとっても、現地の人々にとってもよいことだと思います。日本人は地元の産品を買うのを楽しめます。それは彼らの旅の経験を豊かにし、同時に現地の経済を活性化します。 ➡ **boost the local economy**
「現地経済を活性化させる」を使う

Sports, Traveling & Leisure Activities

Q **Why do you think many Japanese people are taking vacations overseas rather than in Japan these days?**

A **I think** there are two reasons for this tendency. One is media influence that **stimulates people's curiosity about foreign cultures** and exotic locations. Another factor is the affluence of Japanese society, where many people can afford overseas travel.

チェック media influence　メディアの影響
affluence of Japanese society　日本社会の豊かさ

Q **What do you think about a large number of Japanese who go overseas for shopping?**

A **I think** it's good for both Japanese and local people. Japanese people can enjoy shopping for local products. It will enrich their travel experiences and **boost the local economy** at the same time.

チェック shop local products　地元の産品を買う

□□Q プロのスポーツ選手が受けている高額な俸給は、彼らに見合ったものだと思いますか。 ➡ 理由を2つ述べるとよい

□□A はい、そう思います。プロのスポーツ選手は世界中の何百万人もの人々を楽しませています。また彼らは特に若者にとって、一生懸命努力して夢を叶えることを鼓舞してくれる、すばらしいロール・モデルでもあります。 ➡ **inspire 人 to *do***
「人に～することを鼓舞する」を使う

□□Q プロのスポーツで成功するには、努力と才能のどちらがより重要だと思いますか。 ➡ 一方の重要性を述べてから、もう一方の重要性も述べるとよい

□□A 才能がなければプロのスポーツ選手として成功できないので、才能のほうが努力よりも重要だと思いますが、プロのスポーツ選手にとっては、最高の選手になるための努力もまた重要だと思います。 ➡ **important for + A + to *do***
「Aが～するのに重要」

Sports, Traveling & Leisure Activities

Q Do you think that professional athletes deserve the high salaries they receive?

A **Yes,** I think so. Professional athletes entertain millions of people worldwide. They are also great role models especially for young people, who **inspire** them **to work** hard to fulfill their dreams.

チェック entertain　楽しませる
role models for　～にとってのロール・モデル

Q Which do you think is more important to succeed in professional sports, hard work or natural ability?

A **I think** that natural ability is more important than hard work because it's impossible to become a successful professional athlete without natural ability, but hard work is also **important for** professional athletes **to become** the best players.

チェック natural ability　才能

□□Q 異なる国々の結びつきをより緊密にすることを助ける手段としてスポーツを用いることができるでしょうか。

□□A はい、できると思います。オリンピックなどの主要なスポーツ大会は、世界中のさまざまな国々とその選手たちを結びつけます。そのような競技大会は国を超えた友情を育み、世界の文化間の対立を克服する助けとなります。

➡ **bring A together**
「Aを結びつける」を使う

□□Q スポーツはよい人格の形成に役立つと思いますか。

□□A はい。スポーツは、ふつう肉体的にも精神的にも過酷な集団または個人活動なので、規律や忍耐力、責任感、チームスピリットなどを育む助けになります。試合に勝つために努力する過程は、結果にかかわらず人格を形成します。

➡ **regardless of the outcome**
「結果にかかわらず」を使う

Sports, Traveling & Leisure Activities

Q Can sports be used as a tool to help bring different nations closer together?

A **Yes,** I think so. Major sporting events like the Olympic Games **bring** various countries and their athletes **together** from around the world. Those competitions help build international friendships and overcome cross-cultural conflicts in the world.

チェック overcome cross-cultural conflicts 異文化間の対立を克服する

Q Do you think playing sports helps to develop good character?

A **Yes.** Playing sports helps develop discipline, perseverance, a sense of responsibility, and team spirit because, in general, sports are physically and mentally demanding group and individual activities. **Regardless of the outcome**, the process of making the effort to win a game can build character.

チェック discipline, perseverance, a sense of responsibility, and team spirit
規律、忍耐力、責任感、チームスピリット
physically and mentally demanding 肉体的にも精神的にも過酷な

Unit 3 人間関係・マナー

マナーは「公衆でのマナー」に関するものが多く、人間関係は「職場での人間関係」に関するものが多いので、その対策をしておきましょう。

□□ **Q** **公共の場での人々のどんな振る舞いにイライラしますか。**

□□ **A** 公共交通機関で携帯で大声でしゃべったり、電車で脚を広げて２人分の席を占めたりすることに最もイライラします。そうしたマナーの悪い人々は他人の迷惑をまったく考えていないのです。

➡ **what annoys me most are**
「最もイライラすることは」を使う

□□ **Q** **公共の場でのマナーを改善するために何ができると思いますか。**

➡ メディアと学校教育の重要性を述べる

□□ **A** 公共の場でのマナーを改善するには、メディアを通じてその問題に対する公衆の意識を高める必要があると思います。公共の場でのマナーについての学校教育もまた、大切な要素のひとつです。

➡ **raise public awareness**
「公衆の意識を高める」を使う

Human Relations & Manners

Q What kind of public behavior annoys you?

A What annoys me most are loud conversations on cellular phones on public transportation and occupying two seats by spreading out on a train. Those bad-mannered people are totally inconsiderate toward other people.

チェック occupying two seats　2人分の席を占める
spread out　（脚を）広げる
totally inconsiderate toward ～　～のことをまったく考えない

Q What do you think can be done to promote good behavior in public?

A In order to promote good public behavior, I think it's necessary to raise public awareness about the issue through the media. Education about good public behavior at school is another important factor.

チェック raise public awareness　公共の意識を高める
promote good public behavior　公共の場でのマナーを改善する

人間関係・マナー

☐☐ Q 友人や同僚に飲酒を強いる人々をどう思いますか。 ➡ まず善悪を述べ、次にその理由を述べる

☐☐ A 飲み会で友人や同僚に飲酒を強いることは、日本の悪い風習だと思います。それは個人の選択の自由を侵害するだけでなく、危険な風習でもあります。飲み会で無理に飲まされた大学生の死亡のニュースもあります。 ➡ **it's a bad custom to *do***
「～するのは悪い風習だ」を使う

☐☐ Q 人々は他人に出会ったとき、第一印象をあてにしすぎていると思いますか。 ➡ 例を3つくらい述べる

☐☐ A はい、そう思います。相手を本当に知るには長い時間がかかるにもかかわらず、仕事の面接やお見合いや商談といった場面では、人は第一印象によって他の人を判断する傾向があります。 ➡ **judge A based on**
「～に基づいてAを判断する」を使う

☐☐ Q 友人や同僚と同じように考えたり振舞ったりすることは、人々にとって大切ですか。

☐☐ A いいえ、そうは思いません。色々な種類の人がいることで世界は回っています。画一性は時に集団の調和を維持するために必要ですが、多様性を失うと、私たちの生活は退屈で単調なものになるでしょう。 ➡ **make one's life boring and monotonous**
「生活を退屈で単調なものにする」を使う

Human Relations & Manners

Q What do you think about people pressuring friends or coworkers to drink?

A **I think it's a bad custom** in Japan **to force** friends or coworkers to drink at parties. It not only violates individual freedom of choice but also is a dangerous custom. There are some news stories of college students' deaths from forced drinking at parties.

➔チェック violate individual freedom of choice　個人の選択の自由を侵害する

Q Do you think people rely too much on first impressions when meeting others?

A **Yes,** I think so. People tend to **judge** other people **based on** their first impressions, whether in job interviews, arranged marriage meetings or business negotiations, even though it takes a long time to really get to know them well.

➔チェック arranged marriage meeting　お見合い

Q Is it important for people to think and act the same way as their friends or coworkers?

A **No,** I don't think so. There are various kinds of people that make the world go around. Lack of diversity will **make our lives boring and monotonous**, though uniformity is sometimes necessary to maintain group harmony.

➔チェック lack of diversity　多様性を失う
uniformity　画一性

Unit 4 環境問題

環境問題に対する、「政府」「個人」「企業」の取り組みに関して意見をまとめておきましょう。

□□ **Q** 政府はもっと環境保護に取り組むべきでしょうか。

□□ **A** まったくその通りです。地球温暖化の脅威が高まり、天然資源も減少しつつある今、政府は取り返しのつかないことになる前に、法律や規制を強化するなど、率先して環境保護に取り組むべきだと思います。

➡ **take the initiative in**
「率先して～する」を使う

□□ **Q** 企業は環境にやさしい製品の生産に十分な努力をしていると思いますか。

□□ **A** そう思います。そうした製品には成長の可能性があると考えられ、また企業イメージを高めるためもあり、環境にやさしい製品を生産する企業は増えてきていると思います。

➡ **have growth potential**
「成長の可能性がある」を使う

□□ **Q** 環境にやさしい社会を作るうえで、個々人の行為は本当に有意義であり得るでしょうか。

□□ **A** はい。個々人の努力は環境を保護するうえで有意義だと思います。個人による削減・再利用・リサイクルのいわゆる3Rや、太陽光パネルや電気自動車といった環境にやさしい製品の使用が増えることは、環境保護の大きな助けになるでしょう。

➡ **3Rs: reduce, reuse, recycle**
「削減、再利用、リサイクルの3R」を使う

Environmental Issues

Q **Should the government do more to protect the environment?**

A **Definitely yes.** With the growing threat of global warming and dwindling natural resources, I believe that the government should **take the initiative in** protecting the environment by enforcing laws and regulations before it is too late.

チェック the growing threat of global warming and dwindling natural resources　高まる地球温暖化の脅威と天然資源の減少

Q **Do you think that companies are making enough effort to produce environmentally friendly products?**

A **Yes,** I think so. More companies are producing eco-friendly products partly because they think those products **have growth potential** and partly because they want to improve their image with consumers.

チェック improve their image with consumers　企業イメージを改善する

Q **Can the actions of individuals really make a difference in creating an environmentally friendly society?**

A **Yes,** I think that individual efforts will make a difference in environmental protection. The so-called **3Rs: reduce, reuse, recycle** by individuals, as well as their increased use of eco-friendly products like solar panels and electric cars will greatly help protect the environment.

チェック increased use of eco-friendly products
環境にやさしい製品の使用が増えること

環境問題

□
□ Q 天然資源の節約のために、あなたは日常生活の中で何ができますか。

□
□ A エアコンの温度を高めに設定したり、待機電力を最小限にしたりすることで、電力消費を減らすことができます。また、書店で紙のブックカバーを断ったり、スーパーにビニール袋を持参したりすることもできます。

➡ **set the temperatures of air conditioners higher**
「エアコンの温度を高めに設定する」を使う

□
□ Q 近年、ゴミ処理やリサイクルに関するルールが厳しくなってきていますが、こうした変化は効果的だと思いますか。

□
□ A はい。規制が厳しくなると人々はゴミ処理問題やリサイクルの大切さについて真剣に考えるようになり、環境への意識が高まるので、ルールの厳格化はとても効果的だと思います。

➡ **make people seriously think about**
「人々が~について真剣に考えるようにする」を使う

□
□ Q 通勤や通学に自転車を使うことは奨励されるべきでしょうか。

□
□ A 大学生は通学に自転車を使うことを奨励されるべきだと思いますが、特に大都市に住むサラリーマンは、環境保護を促進するために、よりいっそう公共交通機関の利用を奨励されるべきだと思います。

➡ **for commuting**
「通勤・通学のため」を使う

Environmental Issues

Q **What can you do in everyday life to save natural resources?**

A **We can** reduce electricity consumption by **setting the temperatures of air-conditioners higher** and minimizing standby electricity. We can also refuse to receive paper book covers at bookstores and carry plastic bags to supermarkets.

➔チェック minimize standby electricity　待機電力を最小限にする

Q **Recently, the rules for garbage disposal and recycling have become stricter. Do you think the changes will be effective?**

A **Yes,** I think that stricter rules will be really effective because tougher regulations will **make people seriously think about** the problem of garbage disposal and the importance of recycling. It will definitely promote their environmental awareness.

➔チェック promote one's environmental awareness　環境への意識を高める

Q **Should people be encouraged to use bicycles when going to work or school?**

A **I think** that college students should be encouraged to use bicycles **for commuting**, but I think that office workers living, especially in big cities, should be encouraged to use more public transportation in order to promote environmental protection.

➔チェック environmental protection　環境保護

環境問題

□□ **Q** **経済成長と環境保護では、どちらがより大切だと思いますか。** ➡ mixed answer が望ましいパターン

□□ **A** 短期的には、大いに必要とされている雇用機会を生み出すので、環境保護よりも経済成長のほうが大切だと思いますが、長い目で見れば、環境の悪化が進んでいるので、前者よりも後者の方が大切だと思います。 ➡ **in the short run** 「短期的には」 **in the long run** 「長い目で見れば」を使う

□□ **A** 経済成長も環境保護も同じくらい大切だと思います。より明るい未来を作るため、私たちは持続可能な発展を達成するべく全力を尽くさねばなりません。 ➡ **equally important** 「同じくらい大切」を使う

□□ **Q** **国々が成長し発展すると、環境は必ず被害を受けるものでしょうか。**

□□ **A** 近代化と産業化は汚染や地球温暖化などさまざまな問題を引き起こすため、一般に地球環境に悪影響を与えると思います。しかし、持続可能な発展を促進することで環境の悪化を軽減することはできると思います。 ➡ **have a negative impact on** 「～に悪影響を与える」を使う

Environmental Issues

Q Which do you think is more important, economic growth or environmental protection?

A **I think** that economic growth is more important than environmental protection **in the short run** because it can create much-needed job opportunities, but **in the long run**, the latter is more important than the former because of increasing environmental degradation.

チェック increasing environmental degradation　進行する環境の悪化

A I think that both economic growth and environmental protection are **equally important**. We should try our best to achieve sustainable development to create a brighter future.

チェック sustainable development　持続可能な発展

Q As countries grow and develop, will the environment always suffer?

A **I believe** that modernization and industrialization generally **have a negative impact on** the global environment, causing various problems including pollution and global warming. However, we can alleviate environmental degradation by promoting sustainable development.

チェック alleviate environmental degradation　環境の悪化を軽減する
promote sustainable development　持続可能な発展を促進する

Unit 5 テクノロジー

「インターネット」に関するトピックが圧倒的に多いので、その対策をしておきましょう。

□□**Q** インターネットの普及は社会によい影響を与えたのでしょうか。

□□**A** はい。インターネットはアイデアや情報を収集し交換することを非常に容易にし、コミュニケーションやビジネスをグローバル化してきました。インターネットのおかげで、離れた地域に住んでいる人々が買い物や遠隔教育、他の国の人々とのコミュニケーションなどを楽しめるようになりました。

➡ **facilitate**
「容易にする」を使う

□□**Q** 人々は今日インターネットに依存しすぎるようになってきていると思いますか。

➡ それなしではやっていけないことを証明

□□**A** はい。インターネットがなければ人々は日常生活でひどく不利益を被るでしょうし、ビジネスマンにはほとんど命取りとなり得ます。彼らはコミュニケーションやリサーチや宣伝を、大いにインターネットに依存しているからです。

➡ **suffer from inconvenience**
「不利益を被る」を使う

□□**Q** コンピューターは子どもたちによい影響を与えると思いますか。

➡ よい影響と悪い影響の両方を書く

□□**A** コンピューターは子どもたちによい影響も悪い影響も与えると思います。子どもたちはリサーチやデータ処理のスキルを磨くことができますが、コンピューター・ゲームや有害サイトによって子どもたちの心の発達が損なわれることもあり得るからです。

➡ **undermine one's mental development**
「～の心の発達を損なう」を使う

Technology

Q **Has the spread of the Internet had a positive influence on society?**

A **Yes.** The Internet has greatly **facilitated** gathering and exchanging of ideas and information, globalizing communication and business. Thanks to the Internet, people living in remote areas can enjoy shopping, distance learning, and communication with people in other countries.

チェック **globalize communication and business**
コミュニケーションやビジネスをグローバル化する

Q **Do you think that people are becoming too dependent on the Internet these days?**

A **Yes,** people will greatly **suffer from inconvenience** in their daily lives and business people can hardly survive without the Internet. They are heavily dependent on the Internet in communication, research, and advertisement.

チェック **can hardly survive without the Internet**
インターネットなしではほとんど生きていけない

Q **Do you think that computers have a positive influence on children?**

A **I think** that computers have both positive and negative influences on children. They can develop their research and data processing skills, but computer games and harmful sites can **undermine their mental development.**

チェック **data processing skills**　情報処理能力

テクノロジー

□□ Q 今日の人々は個人情報の保護に過敏になっていると思いますか。

□□ A いいえ、そうは思いません。個人情報の漏洩や ID 盗難の発生率が高いため、人々は個人情報の保護にいくら敏感になってもなりすぎることはありません。

➡ **cannot be too sensitive about**

「～にいくら敏感になってもなりすぎることはない」を使う

□□ Q インターネットのコンテンツは何らかの方法で規制されるべきだと思いますか。

肯定的意見

□□ A はい。子どもたちがポルノや違法ドラッグ使用のためのサイトなどの有害サイトを見ることを防止するために、インターネットのコンテンツは規制されるべきだと思います。こうした規制は著作権の侵害や個人情報の漏洩等の対策としても有効に働くでしょう。

➡ **prevent children from viewing harmful sites**

「子どもたちが有害サイトを見ることを防止する」を使う

否定的意見

□□ A 規制は、インターネットの最大の利点のひとつであり、また意見交換を促進するものでもある「表現の自由」を損なうでしょう。それはまたインターネットにより活発化された経済活動をも損ねてしまいます。

Technology

Q **Do you think that people today are too concerned about protecting their personal information?**

A **No,** I don't think so. People **cannot be too sensitive about** the protection of their personal information because of a high incidence of identity theft and the leakage of personal information.

チェック a high incidence of identity theft　高いID盗難の発生率
leakage of personal information　個人情報の漏洩

Q **Do you think the contents of the Internet should be controlled in some way?**

Positive answer

A **Yes.** Internet contents should be regulated to **prevent children from viewing harmful sites** including sites for pornography and illegal drug use. Regulations can also serve as effective countermeasures for copyright violations and the leakage of personal information.

チェック serve as an effective countermeasure for　～への対策として有効に働く
copyright violations　著作権の侵害

Negative answer

A **Regulations will** undermine freedom of expression, one of the greatest benefits of the Internet that promotes exchange of opinions. They also undermine economic activities stimulated by the Internet.

チェック undermine freedom of expression　表現の自由を損なう
undermine economic activities stimulated by the Internet
インターネットにより活発化された経済活動を損ねる

Unit 6 教育

「学校教育の役割」と「幼児教育の在り方」などのトピックが非常に重要なので、その対策をしておきましょう。

Q 人々はボランティア活動をすることの重要性について教えられるべきでしょうか。

A はい。若者に、困っている人々を助けることや、地域社会を改善するために役立つことの価値を教えることは重要だと思います。この意味では、ボランティア活動は学校のカリキュラムの一部であるべきだと思います。

➡ **teach 人 the value of ~ing**
「人に~することの価値を教える」を使う

Q 若者が自分の将来について自分自身で決断を下すことはどのくらい重要だと思いますか。

A それはとても重要なことだと思います。なぜなら、彼らは職業を含めて彼ら自身の将来に責任があるからです。自分自身で決断や選択をする若者は仕事や結婚など人生の重要な事柄にどう対処するかに非常に関心を持っていると思います。

➡ **be responsible for**
「~に責任がある」を使う

Education

Q Should people be taught about the importance of doing volunteer activities?

A **Yes.** I think it's important to **teach** young people **the value of helping** people in need and helping to improve their local community. In this sense, volunteer activities should be a part of the curriculum in schools.

チェック a part of the curriculum　カリキュラムの一部
help people in need　困っている人々を助ける

Q How important do you think it is for young people to make their own decisions about the future?

A **I think** it's very important because they **are responsible for** their own future including their career. I believe that young people who make their own decisions and choices are keenly interested in how they deal with important things in their lives including careers and marriages.

チェック be keenly interested in how one deals with ～
～への対処法に強い関心を持つ

□
□ Q 学校の週休２日制についてどう思いますか。

肯定的意見

□
□ A よい制度だと思います。生徒たちがバランスの取れた個人になることができるように、より多くの課外活動を楽しむことを促します。 ➡ **encourages 人 to *do***
「人に〜を奨励する」を使う

□
□ A 生徒たちがより多くの時間を両親と過ごせるようになり、その結果家族の絆を強めることができるでしょう。 ➡ **allow 人 to *do***
「人が〜することを可能にする」を使う

否定的意見

□
□ A 少年非行の増加につながる可能性がある。 ➡ **lead to**
「〜につながる」を使う

□
□ A 学校での不十分な勉強を補うために塾の授業時間数を増やすだけでしょう。 ➡ **compensate for**
「〜を補う」を使う

□
□ Q 授業をさらにおもしろくするために、どのようなことができると思いますか。

□
□ A クラス討論を進めるだけでなく、授業中に生徒たちにグループまたは個人で発表をさせることによって、より授業をおもしろくすることができると思います。 ➡ **have 人 *do***
「人に〜させる」を使う

Education

Q What do you think about a five-day school week?

Positive answer

A **I think** it's a good system. It **encourages** students **to enjoy** more extracurricular activities so that they can become well-rounded individuals.

チェック extracurricular activities　課外活動

A **It will allow** them **to spend** more time with their parents and thus strengthen family ties.

チェック strengthen family ties　家族の絆を強める

Negative answer

A **It can lead to** an increase in juvenile delinquency.

チェック juvenile delinquency　少年非行

A **It will** only increase the number of cram school sessions to **compensate for** insufficient study at school.

チェック cram school sessions　塾の授業時間

Q What do you think can be done to make classes more interesting?

A **I think** you can make classes more interesting by **having** students **make** group or individual presentations in class as well as by promoting classroom discussions.

チェック make group or individual presentations
グループまたは個人で発表をする

教育

□□ Q 子どもの教育には、学校と同様、両親も責任を持つべきでしょうか。

□□ A はい。両親も先生も子どもたちに倫理的価値観を教えることに責任を負い、責任ある社会の一員になれるよう、人格を育成する責任があります。しかし、先生は基本的には子どもたちに学科を教える責任があります。

➡ **be responsible for**
「～に責任がある」を使う

□□ Q 今日の社会では、学校は子育てにおいてより大きな役割を果たすべきでしょうか。

肯定的意見

□□ A はい、そう思います。なぜなら、たいていの両親は昔そうだったよりもずっと忙しく、子どもたちと過ごすための時間が十分取れないからです。それゆえ、学校の先生はその不足を補うために子育ての役割をも果たさなければならないのです。

➡ **make up for**
「～を補う」を使う

否定的意見

□□ A いいえ、そうは思いません。なぜなら、学校の先生は学科を教えることにあまりにも忙しすぎるので、子育ての役割を果たすことができないからです。先生は生徒たちにとってのよいロールモデルとなるほうがよいと思います。

➡ **too busy ~ing**
「～するのにあまりに忙しすぎる」を使う

Education

Q **Should children's education be the responsibility of parents as well as schools?**

A **Yes.** Both parents and teachers are responsible for teaching children moral values and developing their character so that they can become responsible members of society, but teachers **are** basically **responsible for** teaching them academic subjects.

チェック develop their character　彼らの人格を育成する
responsible members of society　責任ある社会の一員

Q **In today's society, should schools play a larger role in raising children?**

Positive answer

A **Yes,** I think so because most parents are much busier than they used to be, and they don't have enough time to spend with their children. Therefore, schoolteachers should also play parenting roles to **make up for** the shortage.

チェック play parenting roles　子育ての役割を果たす

Negative answer

A **No,** I don't think so because schoolteachers are **too busy teaching** academic subjects to play parenting roles. I think it's better for teachers to serve as good role models for their students.

チェック serve as good role models　よいロールモデルとなる

教育

Q 幼い頃から新しい技能を身につけることが大切だと言う人もいます。あなたはそれについてどう思いますか。

肯定的意見

A 両親が子どもたちに幼い頃からさまざまな技能を身につけさせることはよい考えだと思います。なぜなら、幼ければ幼いほど、両親は子どもたちの学術的能力、芸術的能力および運動能力をより効果的に育成することができるからです。

→ **the 比較, the 比較**
構文を使う

混合型意見

もし子どもたちが本当にやりたいことを何か見つけるならそれはよいことだと思います。しかし、子どもたちに幼い段階からたくさんの習い事を無理やりさせることはよい考えだとは思いません。もし、彼らがそれらの習い事をおもしろいと感じなければ、結局は学ぶことに興味をなくしてしまうでしょう。

→ **force 人 to *do***
「人に無理やり~させる」
を使う

Education

Q **Some people say that learning new skills from an early age is important. What do you think about it?**

Positive answer

A **I think** it's a very good idea for parents to have their children learn various skills from an early age because **the younger** they are, **the more effectively** parents can help develop their academic, artistic, and athletic potential.

チェック develop their academic, artistic, and athletic potential
学術的能力、芸術的能力および運動能力を育成する

Mixed answer

A **I think** it's OK if children find something that they really want to do, but I don't think it's a good idea to **force** them **to take** many lessons from an early stage. If they don't find them interesting, they'll end up losing interest in what they learn.

チェック end up ～ing　（結局）～するはめになる
from an early stage　幼い段階から

Unit 7 住居

このカテゴリーでは、特に「都会と田舎の暮らし」の比較を踏まえた「日本の住宅問題」に関するトピックが重要なので、意見をまとめておきましょう。

□□Q 日本の住宅問題についてどう思いますか。

□□A 日本は特に、地価のきわめて高い都市部において深刻な住宅問題を抱えていると思います。実際、東京の住宅所有率はおよそ40％で、東京や大阪などの大都市では、たいていの人はマイホームを購入する余裕がありません。

➡ **cannot afford to buy**
「～を買う余裕がない」を使う

□□Q 都市に住むほうが田舎に住むよりもいいと思いますか。

肯定的意見

□□A はい、私は田舎暮らしよりも都会暮らしのほうがよいです。都会には発達した交通網があり、ビジネスや文化の中心でもあります。雇用機会も豊富ですし、図書館、映画館、大学等の文化施設もたくさんあります。

➡ **the center of business and culture**
「ビジネスや文化の中心」を使う

否定的意見

□□A 私は都会暮らしよりも田舎暮らしのほうがよいです。都会生活の喧騒を離れて、美しい自然やきれいな空気を楽しめます。それに加え、交通渋滞や公共交通機関のラッシュアワーなどもありません。

➡ **enjoy the beauty of nature**
「美しい自然を楽しむ」を使う

Housing

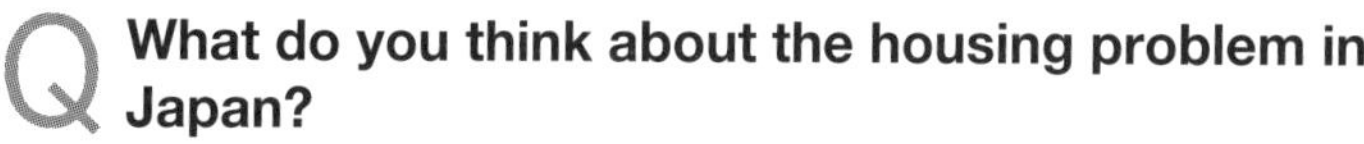

Q What do you think about the housing problem in Japan?

A **I think** that Japan has serious housing problems especially in urban areas where land prices are extremely high. In fact, house ownership in Tokyo is about 40%, and most people **cannot afford to buy** their own houses in big cities like Tokyo and Osaka.

➔チェック house ownership in　～での住宅所有率

Q Do you think that living in the city is better than living in the country?

Positive answer

A **Yes,** a city life is better than a country life for me. Urban areas are **the center of business and culture** with advanced transportation systems. There are a lot of job opportunities and cultural facilities like libraries, movie theaters, colleges and universities.

Negative answer

A A country life is better than a city life for me. You can **enjoy the beauty of nature** and clean air away from the hustle and bustle of a city life. In addition, there is no traffic congestion and rush hour in public transportation.

➔チェック the hustle and bustle of a city life　都会生活の喧騒

※「通勤時間が長くても郊外に住みたがる理由」という質問もある

Unit 8 高齢化社会

「介護」や「退職後の人生」などを含む、高齢化社会の様々な問題について意見をまとめておきましょう。

□□ Q 高齢者の在宅介護サービスについてどう思いますか。

□□ A それは高齢者にとっても、また彼らの面倒を見なくてはならない子どもたちにとっても非常に有益だと思います。なぜなら、それらのサービスは超高齢社会における子どもたちの看護の大きな負担を軽減することができるからです。

➡ **relieve 人 of a great burden**
「人の大きな負担を軽減する」を使う

□□ Q 日本はバリアフリー社会になってきていると思いますか。

➡ 例を3つくらい述べる

□□ A はい。バリアフリー施設がどんどん増えてきています。駅や駐車場に専用の玄関やエレベーターがあったり、身体障害者や高齢者用のバリアフリー住宅まであったりします。

➡ **barrier-free facilities including X for**
「Xなどの、~向けのバリアフリー施設」を使う

□□ Q 医療制度は高齢者の増加に対応できるでしょうか。

□□ A できると思います。病院や診療所の多くは効率よく運営されています。また、近年の医学の進歩によって、患者はよりよい治療をより安い費用で受けられるようになりました。

➡ **make it possible to + 動詞**
「~できるようになる」を使う

Aging Society

Q **What do you think about homecare services for the elderly?**

A **I think** that they are very useful for both elderly people and their children who are supposed to take care of them because those services can **relieve** them **of a great burden** of nursing care in the super-aging society.

チェック the super-aging society　超高齢社会

Q **Do you think that Japan is becoming a barrier-free society?**

A **Yes.** There have been more and more **barrier-free facilities including** special entrances or elevators in train stations, parking areas, and even barrier-free housing **for** physically challenged and elderly people.

チェック physically challenged　身体障害者

Q **Can the healthcare system cope with the growing number of elderly people?**

A **I think so.** Most hospitals and clinics are efficiently managed. Also, recent medical advances have **made it possible to** give patients better treatment at a lower cost.

チェック efficiently managed　効率よく運営される

高齢化社会

□□Q 将来、定年後も仕事をする人々の数は増えると思いますか。 ➡ 寿命は延びる一方で年金は減ることを述べる

□□A はい、そう思います。人々の平均寿命と健康寿命は延びていますが、国民年金制度から受け取れる金額は減っているので、快適な暮らしをするためには働き続けざるを得なくなるでしょう。 ➡ **average lifespan and healthy lifespan** 「平均寿命と健康寿命」を使う

□□Q あなたにとって、どのような定年後の過ごし方が理想ですか。

□□A いちばんよいのは、私が仕事から学んできたことを最大限に活かすために、退職後に会社を始めることだと思います。それは私に大きな達成感と同時に収入ももたらすでしょう。 ➡ **make the most of** 「～を最大限に活かす」を使う

□□Q 人々は定年後、どのような問題に直面すると思いますか。それはなぜですか。

□□A 人々は孤独や健康問題、年金支給額の減少による金銭的困難など、数々の問題に直面すると思います。人は年を取ると自分の殻に閉じこもり、社会から孤立していると感じる傾向にあるからです。 ➡ **face a number of problems including X** 「Xなどの数々の問題に直面する」を使う

Aging Society

Q Do you think that more people will choose to work beyond retirement age in the future?

A **Yes,** I think so. People's **average lifespan and healthy lifespan** are increasing, but the amount of money they receive from the national pension system is decreasing. Therefore, they'll have to continue working to lead a comfortable lifestyle.

チェック the national pension system　国民年金制度

Q For you, what would be the ideal way to spend your retirement years?

A **I think** that the best way is to start a company after retirement in order to **make the most of** what I have learned during my career. That will give me a great sense of accomplishment and income as well.

チェック give me a great sense of accomplishment and income
私に大きな達成感と同時に収入ももたらす

Q What problem do you think people will face after they retire? Why?

A **They will face a number of problems including** loneliness, health problems, and financial difficulty due to declining pension provision. When people get old, they tend to withdraw into themselves and feel isolated from society.

チェック declining pension provision　年金支給額の減少
withdraw into oneself and feel isolated from society
自分の殻に閉じこもり、社会から孤立していると感じる

Unit 9 医学・健康

「現代人の健康志向度合い」や「日本の医療問題」に関するトピックが重要なので、それらの問題について意見をまとめておきましょう。

□□ Q 最近人々は健康を意識しすぎていると思いますか。

□□ A そうは思いません。十分な運動をせず、ジャンクフード等の食べ物を食べすぎる人が多いため、いまだにメタボリック症候群や生活習慣病を患う肥満や太りすぎの人々がたくさんいます。

➡ **obese and overweight people**
「肥満や太りすぎの人々」を使う

□□ Q 現代人はすぐに腹を立てすぎる傾向があると思いますか。

□□ A はい、そう思います。数十年前に比べて現代人はよりわがままで短気だからです。もう1つの理由は、人々が今日のハイペースなユビキタス社会に疲れ果てて、ストレスを抱えているからです。

➡ **more selfish and impatient than**
「～に比べてよりわがままで短気な」を使う

Medicine & Health

Q **Do you think people are becoming too health-conscious these days?**

A **I don't think so.** There are still many **obese and overweight people** suffering from metabolic syndrome or lifestyle-related diseases because many people don't exercise enough and eat too much food including junk food.

➜チェック **suffer from metabolic syndrome or lifestyle-related diseases**
メタボリック症候群や生活習慣病を患う

Q **Do you think that people today tend to get annoyed too easily?**

A **Yes,** I think so. It's because today's people are **more selfish and impatient than** they were several decades ago. Another reason is that people tend to be stressed out and tired out in today's fast-paced ubiquitous society.

➜チェック **stressed out and tired out in today's fast-paced ubiquitous society**
今日のハイペースなユビキタス社会に疲れ果て、ストレスを抱えている

※ ubiquitous society とは、生活のいたるところにコンピュータが存在し、人がいつでもどこでもコンピュータにアクセスできる社会のこと。

医学・健康

□□Q 子どもたちにタバコの危険について警告するために、もっと多くのことがなされるべきでしょうか。

□□A そう思います、なぜなら十代の喫煙人口が増えてきているからです。若者はしばしば仲間の圧力や好奇心から、タバコの危険を知らずに喫煙を始めてしまいます。タバコの健康被害について、彼らに教えることが必要です。

➡ **enlighten 人 about the damage to one's health**

「健康被害について人に教える」を使う

□□Q 日本の病院は人々に十分な医療を提供しているでしょうか。

□□A そうは思いません。日本の病院は待ち時間が長く、医師の診察が短いことで有名です。また、医師と患者のあいだに十分なコミュニケーションや、インフォームド・コンセントもありません。

➡ **long waits and short examinations**

「長い待ち時間と短い診察時間」を使う

Medicine & Health

Q **Should more be done to warn children about the dangers of smoking?**

A **I think so** because the teenage smoking population has been increasing. Young people often start smoking under peer pressure or out of curiosity without knowing the dangers of smoking. We need to **enlighten them about the damage to their health.**

➔チェック **smoking under peer pressure or out of curiosity**
仲間の圧力や好奇心による喫煙

Q **Do hospitals in Japan provide people with sufficient care?**

A **I don't think so.** Japanese hospitals are notorious for **long waits and short examinations** by doctors. There is also insufficient communication or a lack of informed consent between doctors and patients.

➔チェック **insufficient communication or a lack of informed consent**
不十分なコミュニケーションやインフォームド・コンセントの欠落

※ informed consentとは、医師が患者に対して治療についてよく説明をし、患者が十分に理解し合意すること。

Unit 10 政治・行政

「交通問題」「犯罪問題」「少子化問題」などへの対策を中心に意見をまとめておきましょう。

□□ **Q** 政府は自動車の交通量を減らすために対策をすべきでしょうか。

□□ **A** はい。政府は人々にもっと公共交通機関の利用を促し、手に負えなくなる前に大都市の交通渋滞と大気汚染を減らすための対策を講じる必要があると思います。

➡ **get out of control**
「手に負えなくなる」を使う

□□ **Q** 水道やガスなどの公共事業は政府によって運営されるべきでしょうか。

□□ **A** はい、そう思います。なぜなら田舎に住む人々はインフラ不足に非常に悩まされることになるでしょうから。しばしば収益にしか関心のない民間企業は、そうした地域には水やガスを供給しない可能性があるからです。

➡ **not supply water and gas**
「水とガスを供給しない」を使う

Politics & Administration

Q **Should the government take action to reduce the number of cars on the roads?**

A **Yes,** I think that the government needs to take some measures to reduce traffic jams and air pollution in big cities. Before they **get out of control**, the government should encourage people to use more public transportation.

➡チェック reduce traffic jams and air pollution　交通渋滞と大気汚染を減らす
※「都心でマイカーの使用を制限すべきか」の質問もある。

Q **Should utilities such as water and gas be run by the government?**

A **Yes,** I think so because people living in rural areas will greatly suffer from a lack of infrastructure. Private companies, which are often only interested in profits, may **not supply water and gas** to those areas.

➡チェック suffer from a lack of infrastructure　インフラ不足に悩まされる

政治・行政

□□Q 政府は民衆の望むことを常に行うべきだと思いますか。

□□A 政府は民衆の望むことを常に行うべきだと思います。民主主義では、政治家は世論を考慮して政策を決定すべきですし、当選したら公約を守らなければなりません。

➡ **decide government policies after**
「~に基づいて政策を決定する」を使う

□□Q 人々はよりよい公共事業のためなら税金をより多く払うことをいとわないと思いますか。

□□A はい、たいていはそうだと思います。多くの人々は政府がお金を無駄遣いするので増税には反対ですが、自分たちの地域のためにお金が使われていると分かれば、たいていの人々はより多く払っても構わないでしょう。

□□Q 公衆の安全を改善するためにもっと多くのことがなされるべきだと思いますか。

□□A まったくその通りだと思います。犯罪率は高いですし、交通事故による死亡者も多く、食の安全も不十分だからです。通りにもっと防犯カメラを設置したり、飲酒運転にはもっと厳しい罰則を科したりすべきだと思います。

➡ **harsher penalty should be imposed on**
「~により厳しい罰則が科されるべき」を使う

Politics & Administration

Q **Do you think that the government should always do what the public wants?**

A **I think** that the government should do what the public wants. In democracy, politicians should **decide government policies after** considering public opinion. They need to live up to their campaign pledge when they are elected.

チェック live up to one's campaign pledge　公約を守る

Q **Do you think that people would be willing to pay higher taxes to get better public services?**

A **Generally yes.** Many people are against higher taxes because the government wastes money, but most people wouldn't mind paying more if they could see that the money helped their community.

チェック generally yes　だいたい賛成

Q **Do you think that more needs to be done to improve public safety?**

A **Definitely yes,** because of high crime rates, high traffic fatalities, and insufficient food safety. I think that more security cameras should be installed in the street and **harsher penalties should be imposed on** drunk driving.

チェック high traffic fatalities　交通事故による多数の死亡者
insufficient food safety　不十分な食の安全

☐☐ Q 政府は出生率を増加させるため、人々が子どもを作ることをもっと奨励するべきでしょうか。

☐☐ A はい。出生率の低さは日本の経済に悪影響を与えています。政府は子どものいる夫婦にもっと大きな税的優遇措置を与えることが必要です。

➡ **negatively affect ~**
「~に悪影響を与える」
provide A for B
「AにBを与える」

☐☐ Q 結婚して子どものいる夫婦を助けるために何ができると思いますか。

☐☐ A 政府は彼らに金銭的援助や税的優遇措置を与えるべきだと思います。また、働きながら子どもを育てる女性のために、政府も民間企業も保育施設をもっと増やすべきです。

➡ **provide 人 with financial support**
「人に金銭的援助を与える」を使う

Politics & Administration

Q **Should the government do more to encourage people to have children to increase the birthrate?**

A **Yes.** The low birthrate is negatively affecting the Japanese economy. The government needs to provide bigger tax breaks for couples with children.

チェック tax breaks　税的優遇措置

Q **What do you think can be done to help married couples with children?**

A **I think** the government should provide them with financial support and tax breaks. In addition, both the government and private companies should create more daycare facilities for working women with children.

チェック daycare facilities　保育施設

Unit 11 ビジネス・経済

「会社に対する従業員の態度」、フルタイム、パートタイム、起業などへの人々の意識が重要トピックです。

□□ Q 外国で仕事をしたり勉強をしたりすることが日本人のあいだで増える傾向にありますが、どう思いますか。

□□ A それはよい傾向だと思います。なぜなら、海外で働いたり勉強したりすることは、外国語を含む海外の文化について学ぶすばらしい機会を与えてくれるので、文化的視野を広げるからです。

➡ **good tendency**
「よい傾向」を使う

□□ Q なぜ、ますます多くの若者がフルタイムの仕事よりもパートタイムの仕事を選ぶようになってきているのだと思いますか。

□□ A この傾向には多くの理由があると思います。ひとつにはフルタイムの仕事の機会が不足していることです。もうひとつの理由は自由を求め、キャリアへの野心がないことです。

➡ **a lack of**
「~の欠如」を使う

Business & Economy

Q **What do you think about a growing trend among Japanese people toward working or studying in foreign countries?**

A **I think** it's a very **good tendency** because working and studying overseas will broaden their cultural horizons, providing a wonderful opportunity to learn foreign cultures including foreign languages.

➔チェック broaden one's cultural horizons　文化的視野を広げる

Q **Why do you think more and more young people are choosing part-time work over full-time work?**

A **I think** there are many reasons for this trend. One is **a lack of** full-time job opportunities. Another reason is their desire for freedom and lack of career ambitions.

➔チェック job opportunities　雇用の機会
career ambitions　仕事上の野心

ビジネス・経済

□□Q 従業員を雇用する際、会社は学歴と職業経験のどちらに重点をおくべきでしょうか。

□□A 雇用主は基本的に一般従業員を雇用する際には、職業経験により焦点をあてるべきだと思いますが、研究者や弁護士のような知識労働者を雇用する際には、学歴と職業経験のどちらも重視する必要があると思います。

➡ **focus more on**
「～により焦点をあてる」を使う

□□Q あなたは自分で起業することをどう思いますか。

肯定的意見

□□A 自分で会社を経営することはすばらしいことだと思います。なぜなら、重要なビジネス上の決断を下すのに主導権を握ることができるからです。また、給料は純粋に業績によって決まります。

➡ **depend on**
「～によって決まる」を使う

否定的意見

□□A 起業することは大変リスクを伴います。小規模の会社が銀行の融資と十分な人材を確保するのはしばしば困難なことがあります。ひとたび破産してしまうと、仕事や社会的地位を含めたすべてを失うことになるでしょう。

➡ **once your company goes bankrupt**
「会社がひとたび破産すれば」を使う

Business & Economy

Q **Which should companies place more emphasis on when hiring employees, academic qualifications or work experience?**

A **I think** that employers should basically **focus more on** working experience when they hire ordinary workers, although they need to emphasize both of them when they hire knowledge workers such as researchers or legal consultants.

チェック knowledge workers　知的労働者

Q **What do you think about starting a business of your own?**

Positive answer

A **I think** it's great to run your own company because you can take the initiative in making important business decisions. Also, your salary purely **depends on** your performance.

チェック run one's own company　自分自身の会社を経営する
take the initiative　主導権を握る

Negative answer

A **It is** very risky to start your own business. It's often difficult for small companies to obtain a bank loan and enough human resources. **Once your company goes bankrupt**, you will lose everything including your job and status.

チェック obtain a bank loan　銀行の融資を獲得する
human resources　人材

ビジネス・経済

□□**Q** 近ごろは自分で会社を経営したいと思う人が少なくなっていると思いますか。

□□**A** はい。両親が会社を経営している多くの若者は、彼らが財政的に苦労するのを目の当たりにしてきています。それゆえ、彼らは公職や大企業の安定した仕事を求めています。

➡ **struggle financially**
「財政的に苦労する」を使う

□□**Q** 近ごろ、従業員は会社に対して忠誠心が弱くなっていると思いますか。

□□**A** はい、そう思います。最近、大企業は不況を克服するために事業の再構築や人員削減を行って多くの従業員を解雇する傾向にあります。ゆえに、彼らはよりよい職場環境を求めて進んで転職する傾向が強いのです。

➡ **are more willing to *do***
「進んで~する傾向が強い」を使う

□□**Q** 若者の会社に対する姿勢は変わってきていると思いますか。

□□**A** はい。今日では、若者は会社への献身と忠誠よりも自分たちの要求と関心に、より高い価値を置いています。彼らは仕事が気に入らない場合は、しばしば転職する傾向にあります。

➡ **place a higher value on**
「~により高い価値を置く」を使う

Business & Economy

Q Do you think that fewer people these days want to run their own businesses?

A **Yes.** Many young people whose parents run a business have seen them **struggle financially**. Therefore, they want a more secure job with public service or big stable companies.

チェック secure job with public service　公職の安定した仕事

Q Do you think that employees are less loyal to their companies these days?

A **Yes,** I think so. Nowadays big companies tend to lay off many workers through business restructuring and corporate downsizing to overcome the recessions. Therefore, they **are more willing to** change their jobs for better working conditions.

チェック corporate downsizing　リストラ
for better working conditions　よりよい職場環境を求めて

Q Do you think that young people's attitudes toward their companies are changing?

A **Yes.** Nowadays, young people **place higher values on** their own needs and interests than on dedication and loyalty to the company. They tend to change their jobs often if they don't like them.

チェック dedication and loyalty to the company　会社への献身と忠誠

Unit 12 消費者動向

「消費者動向の移り変わり」について、社会情勢の変化との関連で述べられるようにしておきましょう。

□□ **Q** 人々はあまりに物質主義的になったと思いますか。

□□ **A** はい。今日の人々は物質的な幸福に非常に重きを置き、宗教や道徳的信条を軽視します。人々は他人の成功をお金の量で判断し、最新の商品や流行の服を持っていないと不幸に感じます。

➡ **attach great value to**
「～に非常に重きを置く」を使う

□□ **Q** 現代の消費者は贅沢品にお金を使いすぎていると思いますか。

□□ **A** いいえ、そうは思いません。長引く不況で、ほとんどの消費者は贅沢品にあまりお金を費やしていません。実際、多くの人々は経済的安定を気にして、将来のために貯金しようとしています。

➡ **be concerned about financial security**
「経済的安定を気にする」を使う

Comsumer Behavior

Q Do you think that people have become too materialistic?

A **Yes.** Today's people **attach great value to** materialistic well-being and less importance to religion and moral beliefs. People tend to judge others' success by their wealth and feel unhappy if they don't have the latest products or fashionable clothes.

➔チェック judge others' success by their wealth　他人の成功をお金の量で判断する

Q Do consumers these days spend too much money on luxury goods?

A **No,** I don't think so. Due to the prolonged recession, most consumers do not spend so much money on luxury goods. In fact, most people **are concerned about financial security** and try to save money for the future.

➔チェック do not spend so much money は are less wasteful with their money とも言える
prolonged recession　長引く不況

Unit 13 メディア

「メディアの倫理」に関するトピックが重要なので、それらに関して意見をまとめておきましょう。

□□ **Q** 広告は人々に悪影響を及ぼすと思いますか。

□□ **A** いいえ。広告は社会によい影響を及ぼすと思います。それはさまざまな商品やサービスについての情報を提供しますし、消費を刺激することで景気を良くし、テレビ番組やスポーツ競技に資金をもたらします。

➡ **boost the economy by stimulating consumption**
「消費を刺激することで景気を良くする」を使う

□□ **Q** メディアが有名人の私生活を報道することは許されるでしょうか。

□□ **A** はい。有名人は世間の注目によって大きな収入を得ているのですから、彼らは有名になる代償としてプライバシーのなさを受け入れて、大衆を楽しませるべきです。政治汚職の場合も、有名人のプライバシーに対する権利よりも報道の自由と公衆の知る権利のほうが重要です。

➡ **entertain the public**「大衆を楽しませる」、**political corruption**「政治汚職」を使う

□□ **Q** メディアは人々の考え方にあまりに影響しすぎていると思いますか。

□□ **A** はい。世論はまったくと言ってよいほどマスメディアによって作られます。一般大衆は社会的に重要な問題についても、批判的な視点や彼ら自身の考えもなく、メディアの報道を鵜呑みにする傾向にあります。

➡ **public opinion is shaped by**
「世論は~によって作られる」を使う

Media

131

Q Do you think that advertising has a negative influence on people?

A **No.** I think that advertising has a positive influence on society. It provides information about various goods and services, **boosts the economy by stimulating consumption**, and finances TV programs and sporting events.

チェック **finance TV programs and sporting events**
テレビ番組やスポーツ競技に資金をもたらす

Q Is it acceptable for the media to cover the private lives of celebrities?

A **Yes.** Since celebrities receive a huge income from their publicity, they should **entertain the public** by accepting the loss of their privacy as the price of fame. In the case of **political corruption**, freedom of the press and the public right to know is also more important than celebrities' right to privacy.

チェック **the price of fame** 有名になる代償
freedom of press and the public right to know
報道の自由と公衆の知る権利

Q Do you think that the media has too much influence on the way people think?

A **Yes.** I think that **public opinion is shaped** almost entirely **by** the mass media. The general public tends to believe media coverage without having a critical eye or thinking for themselves even about socially important issues.

チェック **believe media coverage without having a critical eye**
批判的な視点もなくメディアの報道を鵜呑みにする

Unit 14 その他

「コミューニティー意識」や「幸福論」に関するトピックは重要なので、それらに関して意見をまとめておきましょう。

□□ **Q** **人々は最近、地元のコミュニティーへの関心を失ってきていると思いますか。**

➡ 都会と田舎の区別をするとよい

□□ **A** 田舎では今でも地元のコミュニティーに関心のある人が多いのですが、都会では地元のコミュニティーに関心のある人はほとんどいません。彼らの多くは仕事を見つけるためだけにそこへ引っ越してきたので、自分たちの住む地域にほとんど愛着を持たないのです。

➡ **have little attachment to**
「～にほとんど愛着がない」を使う

□□ **Q** **地域社会に貢献するために、人々には何ができると思いますか。**

□□ **A** 人々は雑草取りやゴミ拾いをして地域社会をきれいにしたり、地域の祭りを催したり、路上パトロールとして近所を歩き回ったりすることができます。そうしたボランティア活動が、地域社会の安全と発展に大きく寄与するのです。

➡ **contribute greatly to**
「～に大きく寄与する」を使う

Others

Q **Do you think that people take less interest in their local community these days?**

A **In** rural areas, many people still have an interest in their communities, but in urban areas, few people have an interest in their communities. Since most of them move there just to find jobs, they **have little attachment to** the communities where they live.

Q **What do you think people can do to make a difference in their communities?**

A **People can** clean up their communities by weeding and picking up garbage, organizing local festivals, and walking around their neighborhoods as street patrols. Those volunteer activities **contribute greatly to** the development and security of their communities.

チェック make a difference　力を発揮する
clean up one's community　地域社会をきれいにする
organize local festivals　地域の祭りを催す
street patrol　路上パトロール

その他

☐☐ Q 音楽は人々の暮らしに大きな影響を与えていると思いますか。

☐☐ A はい、音楽は私たちの暮らしに深い影響を与えていると思います。音楽には治療効果があり、人々の健康を促進します。また音楽は人々を鼓舞し、同情心を育み、国や文化の違いを超えて人々を結びつけることができます。

➡ **have therapeutic effects and promote people's health**
「治療効果があり人々の健康を促進する」を使う

☐☐ Q 幸福の秘訣はお金だと言う人もいます。あなたは賛成ですか。

➡ No のほうが言いやすい。

☐☐ A いいえ、私はそうは思いません。友人や愛情、才能などお金で買えないものがたくさんあります。そうしたものは、大きな家や贅沢品や海外旅行などよりもはるかに貴重です。

➡ **so many things you cannot buy with money**
「お金で買えない多くのもの」を使う

☐☐ Q 今日の社会は昔に比べてより危険になったと思いますか。

☐☐ A はい、そう思います。今日の社会は昔より少年犯罪やネット犯罪などの犯罪率が高く、交通事故での死亡者も多いです。また、環境破壊も進み、医療過誤の件数も増えています。

➡ **higher rates of crime**
「犯罪率の増加」、
higher traffic fatalities
「交通事故による死亡者の増加」を使う

Others

Q **Do you think that music has an important influence on people's lives?**

A **Yes,** I think that music has a profound influence on our lives. Music **has therapeutic effects and promotes people's health**. Music can also inspire people, generate sympathy, and unite people beyond national and cultural differences.

➔チェック inspire people, generate sympathy, and unite people
人々を鼓舞し、同情心を育み、人々を結びつける

Q **Some people think that money is the key to happiness. Do you agree?**

A **No,** I don't think so. There are **so many things you cannot buy with money**, including friends, love, and talent. Those things are much more valuable than big houses, luxurious items, and overseas travel.

➔チェック luxurious items　贅沢品

Q **Do you think that society is more dangerous today than it was in the past?**

A **Yes,** I think so. Today's society has **higher rates of crime** including juvenile crimes and cyber crimes, and **higher traffic fatalities**. It also has more environmental hazards and more cases of medical malpractice than before.

➔チェック environmental hazards　環境破壊
medical malpractice　医療過誤

発音・アクセント注意報
～減点されないために～

一次試験ではあまり気にする必要のない発音やアクセント。これを誤ると、面接試験では減点の対象になります。CDを聞いて受験者がよくまちがってしまう発音、アクセントを復習しておきましょう。
※赤カラーのところにアクセントをおきます。

最重要

134

- □ **media** ……… メディアと読む人が多い
- □ **event** ……… 日本語の「イベント」につられないように!
- □ **allow** [au] ……… 後ろは「アウ」! 「オウ」の間違いが非常に多い
- □ **various** [véə] ……… バリアスと読む人が多い
- □ **advantage** ……… 第3アクセントで言う人が多い
- □ **influence** ……… 最初にアクセント（第2で言う人が多い）
- □ **manager** ……… 日本語の「マネージャー」につられないように!
- □ **pattern** ……… 日本語の「パターン」につられないように!
- □ **advice** ……… アドバイスと第1アクセントで言う人が多い
- □ **energy** ……… 日本語の「エネルギー」につられないように!
- □ **damage** ……… 日本語の「ダメージ」につられないように!
- □ **percent** ……… 第1アクセントで読む人が多い
- □ **oven** [ʌ́vən] ……… 発音は「オ」でなく「ア」
- □ **occur** ……… アクセントは後ろ（第1で読む人が多い）
- □ **operator** ……… 日本語の「オペレーター」につられてはいけない!
- □ **economic** ……… 第2アクセントで言う人が非常に多い
- □ **concentrate** ……… 第2アクセントで言う人が非常に多い
- □ **contribute** ……… 第1か第3アクセントで言う人が多い

要注意

- □ **image** ………… 最初にアクセント
- □ **barometer** ………… 日本語の「バロメーター」につられないように!
- □ **iron** [áiərn] ………… 最初にアクセント（アイロンではなくアイアン）
- □ **expert** ………… 日本語の「エキスパート」につられないように!
- □ **technique** ………… 日本語の「テクニック」につられないように!
- □ **volume** ………… 最初にアクセント
- □ **guitar** ………… アクセントは後ろ
- □ **allergy** ………… 日本語の「アレルギー」につられないように!
- □ **vitamin** [vái] ………… ビタミンと読む人が多い
- □ **vinyl** [vái] ………… ビニールと読む人が多い
- □ **calcium** ………… 日本語の「カルシウム」につられないように!
- □ **elevator** ………… 最初にアクセント
- □ **delicate** ………… 最初にアクセント
- □ **volunteer** ………… 日本語の「ボランティア」につられないように!
- □ **category** ………… 最初にアクセント
- □ **increase** ………… インクリーズと言う人が多い（ネイティブも含めて）
- □ **demonstrate** ………… 第2アクセントで言う人が非常に多い
- □ **educate** ………… 第2アクセントで言う人が非常に多い

●著者紹介

植田 一三（ウエダ イチゾウ）

年齢・性別・国籍を超える英悟の超人（ATEP [Amortal "Transagenderace" Educational Philosophartist]）、インド中央政府公認ヨガインストラクター、最高峰資格8冠突破&ライター養成校「アスパイア」学長。自己実現と社会貢献を目指す「英悟道」精神、"Let's enjoy the process!（陽は必ず昇る）"を教育理念に、指導歴40年で英検1級合格者を約2,800名以上輩出。出版歴35年で著書は120冊を超え、多くはアジア5か国で翻訳。ノースウェスタン大学院・テキサス大学博士課程留学、同大学で異文化間コミュニケーションを指導。教育哲学者（educational philosopher）、世界情勢アナリスト、比較言語哲学者（comparative linguistic philosopher）、社会起業家（social entrepreneur）。

上田 敏子（ウエダ トシコ）

アスパイア英検1級・国連英検特A級・IELTS講座講師。バーミンガム大学院（翻訳学）修了後，ケンブリッジ大学・オックスフォード大学で国際関係論コース修了。国連英検特A級、工業英検1級、英検1級、TOEIC満点，通訳案内士取得。鋭い異文化洞察と芸術的鑑識眼を活かして、教育界をリードするワンダーウーマン。主な著書に、「英検® 面接大特訓シリーズ」（Jリサーチ出版）、「英検® ライティング大特訓シリーズ」（アスク出版）、『英検®1級/準1級/2級8日間で一気に合格！』（明日香出版社）、『真の英語力を身につける 英文法・語法完全マスター』（ベレ出版）、『英検®1級最短合格！リーディング問題完全制覇』（ジャパンタイムズ出版）、『英検®1級完全攻略必須単語1750』（語研）がある。

Michy里中（ミッチー サトナカ）

ロサンゼルスで長期に渡りビジネス通訳・翻訳業務に携わり、現在はアパレル業界のビジネス会議通訳及び翻訳業務に携わりながら、その実務経験を活かしビジネス英語・TOEIC・英検などの英語学習図書を中心に幅広く執筆活動中のバイリンガル。Aspire School of Communicationで英検1級講座・TOEIC990点満点突破講座や、多くの大手企業・大学でTOEIC講座・ビジネス英語講座も務める。著書に『英会話フレーズ大特訓ビジネス編』（Jリサーチ出版）、『英語スピーキング大特訓 自分のことを論理的に話す技術とトレーニング』（ベレ出版）などがある。

カバーデザイン　花本浩一
本文デザイン／DTP　江口うり子（アレピエ）
本文イラスト　田中斉
ナレーション　Hannah Grace ／ Howard Colefield ／ Jennifer Okano ／ 都さゆり
音声録音・編集　一般財団法人　英語教育協議会（ELEC）

新出題形式完全対応　英検® 準1級面接大特訓

令和6年（2024年）4月10日　初版第1刷発行
令和6年（2024年）6月10日　初版第2刷発行

著　者　植田一三　上田敏子　Michy 里中
発行人　福田富与
発行所　有限会社　Jリサーチ出版
〒166-0002 東京都杉並区高円寺北2-29-14-705
電話 03(6808)8801（代） FAX 03(5364)5310 編集部03(6808)8806
https://www.jresearch.co.jp
印刷所　㈱シナノ パブリッシング プレス

ISBN978-4-86392-612-7